孔子的故事

郑连根 著

插画版

中国言实出版社

图书在版编目(CIP)数据

孔子的故事 / 郑连根著 . -- 北京 : 中国言实出版社 , 2024. 7. -- ISBN 978-7-5171-4872-2

Ⅰ . B822.2

中国国家版本馆 CIP 数据核字第 20249099U1 号

孔子的故事

责任编辑：李　岩
责任校对：朱中原

出版发行：中国言实出版社
　　地　　址：北京市朝阳区北苑路180号加利大厦5号楼105室
　　邮　　编：100101
　　编辑部：北京市海淀区花园北路35号院9号楼302室
　　邮　　编：100083
　　电　　话：010-64924853（总编室）　010-64924716（发行部）
　　网　　址：www.zgyscbs.cn　电子邮箱：zgyscbs@263.net

经　　销：新华书店
印　　刷：北京温林源印刷有限公司
版　　次：2025年5月第1版　2025年5月第1次印刷
规　　格：710毫米×1000毫米　1/16　8.5印张
字　　数：150千字

定　　价：59.00元
书　　号：ISBN 978-7-5171-4872-2

目录

第一部分　孔子的生平及主张

一　孔子的身世　　　　　　　　　　2
二　孔子的壮年　　　　　　　　　　6
三　孔子的晚年　　　　　　　　　　16
四　孔子谈礼乐　　　　　　　　　　21
五　孔子论仁　　　　　　　　　　　26

第二部分　孔子和他的弟子们

一　孔子和颜回的故事　　　　　　　32
二　孔子和子贡的故事　　　　　　　37
三　勇武的子路　　　　　　　　　　45
四　"锦上添花"的冉有　　　　　　　50

第三部分　孔子和他的朋友圈

一　孔子的恩人鲁昭公　　　　　　　56
二　孔子与鲁定公的故事　　　　　　60
三　追悔莫及的鲁哀公　　　　　　　66
四　褒贬参半的卫灵公　　　　　　　71
五　孔子与齐景公的故事　　　　　　75

目录

附录　《论语》名句选读

论语·学而篇第一	82
论语·为政篇第二	83
论语·八佾篇第三	85
论语·里仁篇第四	87
论语·公冶长篇第五	89
论语·雍也篇第六	91
论语·述而篇第七	93
论语·泰伯篇第八	96
论语·子罕篇第九	98
论语·乡党篇第十	101
论语·先进篇第十一	107
论语·颜渊篇第十二	110
论语·子路篇第十三	113
论语·宪问篇第十四	117
论语·卫灵公篇第十五	118
论语·季氏篇第十六	121
论语·阳货篇第十七	124
论语·微子篇第十八	127
论语·子张篇第十九	128
论语·尧曰篇第二十	129

第一部分

孔子的生平及主张

一　孔子的身世

　　很多人都听说过孔子。那么，请回答一个简单的问题：孔子姓什么？

　　如果你说孔子姓孔，那你就错了。为什么呢？请听我细说。

　　孔子的先祖是商朝的王族，和商朝的君王一个姓，商朝的君王姓"子"，孔子的祖先当然也就姓"子"。可是，你会问：那我们为什么要叫他孔子，而不叫他"子子"呢？这就要讲一讲春秋时期的姓氏制度了。

　　在今天，"姓氏"是一个词，指的就是姓什么，可在春秋时期，"姓"和"氏"是分开的，拥有同一血统的人（即同一个祖先的人）共有一个姓，姓之下又分若干氏。氏是大姓下的小分支。那么，氏怎么定呢？一般

第一部分 孔子的生平及主张

而言，诸侯以国名为氏，这是周天子所赐的；卿大夫以祖先受封的官名或封邑名为氏，这是诸侯赐的。一氏之下，有若干家，称为氏族。"族"是"氏"的实体，"氏"是"族"的旗帜。因此，春秋时期，人们的姓是不会变的，但氏却会不断变更，一个人以什么为氏，有很大的自由度，既能以做官的地方为氏，也能以先祖的字为氏，还能以先祖的官职为氏，甚至能以先祖的排行为氏。先祖具体到多少代，也没有硬性规定，可以是父亲、祖父，也可以是高祖、曾祖，甚至可以是七世祖、八世祖。如此一来，一姓之下就会衍生出好多个氏。

回过头来再说孔子。商朝灭亡之后，孔子的先祖被安排到现在河南商丘一带生活。孔子的祖先中，有三位值得一说。第一位名叫弗父何，他本该是宋国国君，但把国君之位让给了宋厉公，表现出了极高的道德风范。第二位名叫正考父，他先后辅佐宋戴公、宋武公和宋宣公，三次受命做高官，一次比一次恭敬，"一命而偻，再命而伛，三命而俯。循墙而走，亦莫余敢侮。饘於是，鬻於是，以餬余口"。意思是说，随着职位提升，人变得越来越恭敬，第一次升迁时低着头，第二次升迁时弓着背，第三次升迁时弯着腰。连走路都要靠着墙边，如此谦恭，才不致受到别人的侮辱。生活当中，只要能养家糊口、解决温饱就可以了，绝不敢奢侈。当官低调到这个地步，实在令人感动。最后一位就是孔子的六世祖孔父嘉。孔父嘉，姓"子"，名"嘉"，字"孔父"（将"字"放在"名"前，是春秋时期的特点）。从此以后，孔子家族便开始以"孔"为氏，即以祖先的字为氏。后人称孔子为"孔丘"，这个"孔"就是从这里来的。"孔"是孔子的氏，而不是姓。

孔父嘉是宋穆公的托孤大臣，《左传》记载，他的妻子长得非常漂亮。宋国的太宰华督在路上遇见了她，"目逆而送之"，盯着她看，一直到她走远。然后感慨说"美而艳",意思是不仅长得漂亮,而且气质高贵、光彩照人。看上别人的老婆之后,华督就动了歪心眼,他散布舆论说,宋殇公继位十一年,就有十一次战争,宋国连年有战争,这都是大司马孔父嘉的错,他是导致宋国人饱受战争之苦的罪魁祸首,让我杀了他,还百姓以安宁。一番操作之后,华督就带兵攻杀了孔父嘉,然后霸占了孔父嘉之妻。

为了霸占别人的漂亮老婆,就不惜发动政变、杀人,华督的做法实在令人不齿。宋殇公对华督表示不满,华督就又发动政变,杀了宋殇公,然后迎立公子冯为国君,是为宋庄公。此事被史学家称为"华督之乱"。

孔父嘉在"华督之乱"中被冤杀,为躲避迫害,他的后人不得不逃离宋国,迁移到了鲁国。迁鲁之后,他们由宋国贵族降为鲁国平民。不过几代之后,孔子的家族谱系在鲁国就又有了完整的记录:孔防叔生伯夏,伯夏生叔梁纥,叔梁纥娶颜徵在而生孔子。

孔子出生在尼山的一个山洞中,他出生时头顶凹陷,像山丘,于是就以丘为名。古代排行以伯仲叔季为序,孔丘排老二,就取字为仲尼。

孔子三岁的时候,父亲去世了。孔子和他的母亲颜徵在相依为命,日子过得越来越艰难。母亲为了养活孔子,把家搬到了鲁国的都城曲阜,住在娘家阙里,过着清贫的平民生活。虽然过的是平民生活,但孔子从小就对贵族的礼仪心存向往。他常取一些小盆、小碗当祭器,模仿贵族祭祀时的礼仪动作。长到十五岁的时候,孔子便立下志向,一定要认真学习文化,成为一个优秀的"士人"。

经过勤奋学习,孔子几年之间就崭露头角,获得了很多人的赞誉。孔子十九岁的时候,他的儿子出生了。鲁昭公特意送来一条鲤鱼,祝贺孔子喜得贵子。鲁昭公是国君,你想想,一个国君为一个还不到二十岁的年轻人贺喜,这说明什么?说明孔子当时在鲁国很有名气,已经受到国君的赏

识了。孔子也很高兴，大喜之下，就给自己的儿子起了一个很奇怪的名字——"孔鲤"，因为孔鲤是孔子的第一个儿子，以伯为序，所以他的字就是"伯鱼"，从这个"鱼"字可以看出，古人的名和字之间，有一种有趣的联系。

后来，鲁昭公接受了孔子弟子南宫敬叔的请求，资助孔子"适周问礼"，就是让他去周朝继续研究礼仪。鲁昭公给了孔子一辆车、两匹马，还有一名童仆随他出发。借着这次公费游学的机会，孔子拜访了在周朝担任"图书馆馆长"的老子。两位圣贤见面，彼此惺惺相惜。告辞时，老子对他说，我听说富贵的人是用财物送人，品德高尚的人是用言辞送人，我不是富贵的人，只能窃用品德高尚的人这一名号，用言辞为您送行。这几句话就是：聪明省察的人常常受到死亡的威胁，那是因为他喜欢议论别人的缘故；博学多识的人常遭困厄危及自身，那是因为他指摘别人过错的缘故。做子女的要忘掉自己而心怀父母，做臣下的要忘掉自己而心存君主。孔子从周回到鲁国之后，跟从他学习的弟子就渐渐多了起来，名气也越来越大。他所创办的"私学"，逐渐成为当时最著名的"综合性大学"。

二　孔子的壮年

孔子说："吾十有五而志于学，三十而立，四十而不惑，五十而知天命，六十而耳顺，七十而从心所欲，不逾矩。"意思是说，我十五岁时有志于学习，三十岁时能够在世上立身，四十岁时对世事不再迷惑，五十岁时懂得了什么是天命，六十岁时听得进各种意见而不会感到烦恼，七十岁时可以随心所欲却不会违反规矩。

第一部分 孔子的生平及主张

这句话流传非常广,像"而立之年""年逾不惑"这些大家耳熟能详的说法都来源于这句话。其实,这就是孔子对自己一生的总结,我们现在来详细讲一讲。

孔子十五岁的时候有志于学,学的是什么呢?学"道"——不是单纯地学习知识,也不是带有功利目的地学习如何获得高官厚禄,而是学习如何得道与行道。换言之,就是学习如何做一个有道德的人,如何践行并推广道德。

到了三十岁,而立之年,立什么呢?立于"礼"——将"礼"作为自己的立身之本,不做任何不符合"礼"的事情。

正因为好学守礼,孔子在四十岁左右就成了非常著名的博学君子。《史记·孔子世家》中记载了两个孔子博学的小故事。

第一个故事:鲁国的权臣季桓子家里掘井,挖出一个腹大口小的陶器,里面有个像羊一样的东西。季桓子搞不清楚这是一个什么东西,就跟孔子说,挖井的时候挖出了一条狗。孔子说,据我所知,那里面应该是一只羊。我听说,山林中有两种怪物,一种是叫作"夔"的单足兽,另一种是会学人声的山精"魍魉"。水中有两种怪物,一种是神龙,另一种叫作"罔象"。泥土中有一种怪物,雌雄未辨,叫作"坟羊"。

孔子所说的夔、魍魉、坟羊等都是古代的一些怪兽,夔是一种长得像牛的古代神兽,身体是灰色的,没有长角,只有一只脚,它每次出现都会带来狂风暴雨。它的身上闪耀着光芒,吼声像雷声一样震耳欲聋。传说黄帝曾得到过这种神兽,并用它的皮制成了鼓,这种鼓一敲击,声音响彻五百里之外。魍魉是古代神话传说中的山川精怪,它善于模仿人的声音,用以迷惑人、吓唬人,可是它害怕见光,见到阳光就完蛋了,属于远古时代的"见光死"。人们经常用"魑魅魍魉"来比喻形形色色的坏人,也代指各种害人的小妖怪。坟羊是土里的一种怪兽，样子有点像羊，雌雄未辨。现代学者研究发现，所谓的坟羊，其实是钙质土形成的结块，只是样子有些像羊或狗而已。通俗地讲，就是碳酸钙等遇水溶解，与土壤结合，形成了坚硬的土疙瘩。这种土疙瘩有特殊的形状，有的像羊，有的像狗，也就有了"土之怪坟羊"的说法。

第二个故事：吴国攻打越国，把越国的国都会稽摧毁了，在这一过程中，发现了一节大骨头。这块骨头有多大呢？足足可以装满一辆车。从地下挖出这么大的骨头，吴国人搞不清是怎么回事，就专门派使者来请教孔子，说我们发现了这么大的骨头，这是怎么回事呢？什么骨头最大呢？

孔子回答说，大禹召集各部落首领到会稽山会盟的时候，防风氏迟到了，大禹就把他杀死并陈尸示众。他的骨头一节就有一辆车那么长，这就是最大的骨头了。

吴使问，防风氏的具体职务是什么？孔子回答说，防风氏的先君负责封山和禹山一带的祭祀，在虞、夏、商三代叫作汪罔，在周叫作长翟，现在叫作大人。

吴使又问，那时人的身高是多少？孔子回答说，僬侥氏身高三尺，是最矮的了，高的有三丈，算是最高的了。吴国使者听了之后说，了不起呀，您真的太有学问了，是名副其实的圣人！

从上面这两个小故事我们可以看出，孔子这个人知识非常渊博，可以说是春秋时期的博物学家，政治、历史、礼法、诗歌、音乐、动物、植物乃至有关妖魔鬼怪的知识他都懂，他博学的名声远播国内外，就连遥远的吴国在地下挖出古物，都要派使者千里迢迢来请孔子为他们答疑解惑。如果放在今天，孔子便是在多个领域都有突出成就的人——他不仅是伟大的教育家和思想家，还是历史学家、考古专家、音乐达人、击剑高手，等

第一部分 孔子的生平及主张

等。为什么孔子能有这么多的才能呢？答案就是：好学。

孔子说自己"五十而知天命，六十而耳顺，七十而从心所欲，不逾矩"，这是常人难以企及的境界。孔子曾说："不怨天，不尤人，下学而上达，知我者其天乎。"意思是说，我上不埋怨天，下不责备人，下学礼乐而上达天命，了解我的恐怕只有天了！可以说，从十五志于学开始，到四十不惑之年，这是孔子"下学"的过程，也就是积累知识的阶段。而五十岁之后，孔子开始"上达"。因为知天命，所以不怨天；因为耳顺，所以不尤人。到了七十岁，孔子心之所想，身之所为，已经没有不符合规矩的了，此时的他与天道已经合二为一。孔子的弟子子贡说："他人之贤者，丘陵也，犹可逾也；仲尼，日月也，无得而逾焉。"别人的贤能，好比山丘，再高也是可以逾越的；而孔子简直是太阳和月亮，是不可能超越的。

自己好学之外，孔子还热爱教育事业。他这一生做的最重要的两件事，一个是兴办"私学"，传播文化，另一个就是周游列国，推广仁政。

讲到"私学"，就得做一点解释。在夏商周三代，都是"学在官府"的。所谓"学在官府"，说好听一点，是文化教育事业完全由官方负责，说不好听一点，就是文化教育完全被统治阶级垄断。那个时候，老爸是巫师，就把当巫师所需要的技能教给儿子；老爸是史官，儿子日后也要子承父业，继续当史官；老爸是乐师，儿子所受的教育也是奔着日后当乐师去的。一个人学什么以及将来干什么，几乎都是由身份决定的。

可是，这种情况到了春秋时期就改变了。随着周平王东迁，旧的社会秩序瓦解了，维持"官学"所必需的稳定社会秩序和官方权威都随之丧失，政府已经没有能力继续维持"官学"。"官学"破产了，一大批昔日在官方任职的文化人随之"下岗"。这批文化人"下岗"后，只好到民间去寻找"再就业"的机会。如此一来，原本为贵族阶层所垄断和独享的教育文化活动逐渐普及到了民间，于是，民间的"私学"兴起了。尤其是到了春秋末期，鲁国乐师师襄子、郑国学者邓析等人都曾兴办"私学"，收徒授业。平民子弟通过上这些文化人创办的"培训班"，也学会了不少文化知识和技能。学习改变命运，相当多的人凭着努力学习，掌握了过硬的本领，一跃从平民变成了"士人"。平民子弟可以凭借自己的努力上升为"士人"甚至是国家官员，这有利于消除板结化的社会结构，对提升社会活力大有裨益。正是由于出现了大量的"士人"，且他们能够自由流动，才有了后世中国思想文化史上"百家争鸣"的局面。

在春秋末期的"私学"热中，孔子的表现尤其突出，孔门成了培养人才最多、对后世影响最大的一个教育学术团队。孔子办学，教学内容很广泛，有著名的"礼、乐、射、御、书、数"六艺。这六种本领，既有人文学科的道德养成和艺术修养，如礼、乐，也有当时贵族日常生活所需要的基本技能，如射、御、书、数等。礼指周礼，是周代贵族在不同场合所使用的仪节以及各种日常行为规范，学礼的目的是为了养成高贵的品格和气质。乐不仅包括音乐，还涵盖文学、舞蹈等各种艺术，学乐是为了提高一个人的文化品位和艺术才华。射指射箭，这是当时贵族阶层的时尚运动，就跟今天的企业高管爱打高尔夫球差不多。只不过当时的人们学射箭还带有军事训练的目的，平日练习算是强身健体，战争发生时就可以上战场射杀敌人。御指驾车，那时候的学生跟孔子学御，就相当于现在的人去驾校学车考驾照。书指书写，涵盖识字、阅读、作文等内容。数指基本的数学知识，包括怎么记账、怎么丈量土地等。可以说，孔子的"私学"就是春秋末期最有名的综合性大学，学生跟着孔子学好了，根本不用为"就业"问题发愁。原因很简单，有过硬的本领在身，任何时候都会成为就业市场上的宠儿。

第一部分 孔子的生平及主张

春秋时期，虽然讲门第、讲出身，但真正有本事的人还是会受到重视。孔子的学生在当时就很受欢迎，各诸侯国都愿意聘用孔门弟子。比如，孔子的弟子曾西华很有外交才华，鲁国国君就委派他出使齐国；子贡能言善辩，也曾出使各国，对春秋末期的政治格局产生了重要影响；子路、冉有更是成为鲁国执政官季康子的家宰，帮助季康子处理鲁国政事。其余各个地方聘任孔子的学生去做官的情形就更多了。比如，子游就做过武城宰，武城是今天的山东费县，武城宰就相当于费县的县长；季康子想聘请闵子骞做费宰，却遭到了闵子骞的坚决拒绝。请去做高官都不干，由此可见孔子门徒的吃香程度及其高贵气节。闵子骞不做费宰，子路就介绍自己的小同学子羔去做，孔子为此还批评了子路，说他"贼夫人之子"，意思是他在害人家子羔，耽误人家的学业。

孔子收徒弟，遵循"有教无类"的原则，即不分贫富贵贱，只要你愿意学，他就愿意教。孔子还善于根据每个学生的不同特点来开展教育，谓之"因材施教"。正因如此，孔门弟子中涌现出了很多优秀人才。司马迁在《史记》中记载，孔子有"弟子三千，身通六艺者七十二"。孔门弟子有人从政，当上了高官；有人经商，发了大财；有人治学，成了名闻诸侯的大学者乃至国君的老师。正因为培养出了众多才华横溢的弟子，所以孔子才当之无愧地成为中国历史上最伟大的教育家。而孔子的教育思想亦有赖于众多高徒不遗余力地传播，才得以发扬光大。

我们回过头来继续讲孔子的人生。孔子也曾做过官，他在五十岁的时候做过鲁国的中都宰，一年后被提拔为司空，很快又由司空升为司寇，四年后，孔子"代行相事"，全面主持鲁国的政事。孔子不愧为圣贤，他主政三个月，鲁国大治：商人不再造假售假，男女老少都好学知礼，甚至出现了路不拾遗的治安局面。

孔子治理鲁国，效果显著。此事传到齐国之后，齐的国君齐景公非常害怕：鲁国强大了，作为邻国的齐国岂不是有被吞并的危险？为了对付鲁国，齐国决定用美女、良马瓦解鲁国君臣的斗志。他们赠给鲁定公"女子好者八十""文马三十驷"。鲁定公和鲁国的执政官季桓子，在关键时刻经受不住女色和金钱的诱惑。季桓子"受齐女乐，三日不听政"，举行祭祀之后也没按照规定送给高级官员祭肉。孔子没收到应得的祭肉，知道鲁定公不想再恢复周礼，鲁国也无法再用礼乐之法来治理了。于是，孔子毅然辞职，离开鲁国，从此开始了长达十四年的周游列国生涯。

在周游列国的过程中，孔子每到一个国家，都会向国君推销他的"仁政"思想，比如告诉他们要"为政以德"，要用道德感召教化百姓，而不是用严刑峻法惩治百姓，要自己带头遵纪守法、戒奢从俭，而不是对百姓横征暴敛以满足自己的私欲。可惜，各国国君均不肯在自己的国家实行"仁政"。孔子带领弟子周游列国十四年，虽然没有找到一块"仁政"思想的试验田，但他们在这个过程中宣传了儒家思想，扩大了儒家的影响力。另外，在周游列国期间，孔子的"私学"也扩展成为一所流动的"国际性大学"，他的弟子不再局限于鲁国，而是遍布周游过的各个国家，孔子的招生范围和招生规模都随之扩大了。

周游列国期间，孔子经历了我们难以想象的困难，孔子自己也说，"人能弘道，非道弘人"，这就是说，道德的宣扬，仁政的普及，礼乐的兴盛，都要有人来担当传承，弘扬推广。这个过程是无比艰难、充满危险的。孔子在周游列国的过程中就曾三次蒙难，情况一次比一次严重。

孔子跟鲁国季氏的家臣阳货长得很像，阳货侵犯过匡地（今河南长垣县）。公元前496年，孔子经过匡地，匡人误以为是阳货又来了，就将孔子及其弟子围了起来，想要报仇。后来，卫国大夫宁武子出面消除了误

第一部分 孔子的生平及主张

会，孔子躲过了这场灾难。被围之际，弟子们都很害怕。但孔子底气十足，他说，周文王已经死了，周代的礼乐制度不正掌握在我们手中吗？上天如果要毁灭这种制度，就不应该让后死的人学会它。既然上天不想让这种制度毁灭，那么匡地的人又能把我怎么样呢？

公元前492年，孔子到达宋国，想游说宋景公。到达宋国境内后，孔子见农夫被驱使着做陶俑，这些陶俑是给宋国司马桓魋陪葬用的。当时桓魋只有三十八岁，就如此劳民伤财，为后事做准备，并且还用人形的陶俑陪葬。孔子很气愤，说："始作俑者，其无后乎！"意思是说，用这种陶俑殉葬的人，就该断子绝孙。

孔子的话传到桓魋耳朵里，桓魋很生气，就派兵追杀孔子。据说，孔子和弟子们在一棵大树下讲习礼仪时得到了被追杀的消息。弟子们很紧张，但孔子十分自信，他对弟子们说："天降圣德于予，桓魋其如予何？"意思是说，我有天命在身，桓魋杀不死我。说完就带领弟子逃走了。桓魋带兵赶到时，发现孔子已逃走，就气愤地伐倒了那棵大树——孔子等人曾在其树荫下讲习礼仪。

第三次蒙难就是"陈蔡绝粮"。公元前489年，孔子带领弟子去楚国，走到陈国、蔡国的地界时，粮食吃光了，他们七天七夜没吃上饭，险些饿死。孔子确实有圣人风范，饿得眼睛都发绿了，依然"弦歌之声不绝"，保持着高度的乐观主义精神。可是弟子们就不行了，肚子一挨饿，他们的思想就随之动摇。子路质疑说，老师，您天天教我们做君子，君子怎么会被饿成这样？孔子回答："君子固穷，小人穷斯滥矣。"意思是说，君子即使受穷也能保持节操，小人受不了穷，一受穷就会胡作非为。

子贡对孔子说，老师，您的大道是很好，可天下人都不买账，我们是不是得降低一下标准以迁就世人？子贡是个商人，觉得思想道德也可以打折卖。孔子当然不同意，说："今尔不修道而求为容。赐，而志不远矣。"意思是说，你现在不好好修道，光想着怎么降低标准以求被世人接纳，你的志向不够高远呀。

关键时刻，还是颜回力挺老师。他说："夫子之道至大，故天下莫能容。虽然，夫子推而行之，不容何病？不容然后见君子！夫道之不修，是吾丑也。夫道既已大修而不用，是有国者之丑也。不容何病？不容然后见君子！"意思是说，老师的道太大了，正因为太大才不被人接受。即使不被接受，那也不是我们的损失。如果不修道，这是我们的损失，现在我们已经很好地修道了，只是没有人接受我们，那受损失的就是那些当权者。他们不接受我们的道，恰恰证明我们是真君子。颜回的这个解释深得孔子的欢心，孔子说："回，使尔多财，吾为尔宰。"颜回呀，你如果有了钱，我愿意给你做会计，替你管账。

孔子说："岁寒，然后知松柏之后凋。"人在经受苦难时的表现有时更能折射出其思想境界的高低。孔子蒙难之际依旧从容不迫，不愧是圣人；颜回关于"修道"和能否"为天下容"的解释，发人深省。更为关键的是，孔子师徒之间"自足以相乐如此"，很令人羡慕，所以后来苏轼盛赞说："乃今知周公之富贵，有不如夫子之贫贱。"

在年近七十的时候，孔子被鲁国召回，做了"国老"，相当于国家特聘的国事顾问。此时，孔子一边在杏坛讲学，一边删定群经，做文化整理和研究工作。孔子是个"音乐发烧友"，一生喜欢音乐，喜欢诗歌，他搜集各国的民歌民谣，加以筛选，编成《诗经》，此书成为我国最早的一部诗歌总集。

孔子晚年喜欢读《易》，反复翻阅，以致把系竹简的牛皮绳翻断了好几次。孔子还是当时最有名的历史学家，他晚年写了一部名为《春秋》的

第一部分 孔子的生平及主张

史书，记载了上起鲁隐公元年（公元前722年），下至鲁哀公十四年（公元前481年），共242年间发生的重要事件。孔子在这部著作中使用了一种寓褒贬于记述的写作方法，称为"春秋笔法"。借助这种写史笔法，孔子明确了世间是非善恶的标准。正因如此，才有了"孔子著春秋而乱臣贼子惧"之说。

在历史上能留下很大名声的人，一般都是帝王将相，可也有一些人例外：他们生前并不得志，但对后世的影响却很大，他们同样会受到后人的尊重和怀念。孔子就是这样的人。他孜孜不倦的好学精神、"知其不可而为之"的担当意识以及"仁者爱人"的慈悲情怀一直感召着后人；他留在《论语》中的教诲世人的话语广为流布、影响深远，许多话成为后人的人生信条；他的儒家思想更是成为其后两千多年里中国社会的主流价值观。孔子是一个非常了不起的人，是我国历史上最伟大的教育家、思想家，后人为了表达对孔子的尊重，尊称他为"大成至圣先师"。

三 孔子的晚年

　　公元前 484 年，也就是鲁哀公十一年，孔子结束了十四年的周游列国生涯，回到了自己的父母之邦——鲁国。这时的孔子已经六十八岁，这在平均年龄只有不到四十岁的古代社会，已经算是高寿。从这时起，孔子退出了"知其不可而为之"的政治活动，开始把精力投入文化典籍整理工作当中，而继承了孔子思想的弟子，例如冉求、子路、子贡等，都已经成为了栋梁之材。

　　我们了解了孔子的壮年，知道了他在周游列国期间，四处游说，颠沛

第一部分 孔子的生平及主张

流离,甚至几次遇险。然而就像孔子自己所说,"君子固穷,小人穷斯滥矣",在断粮七天七夜的情况下,仍然能"弦歌之声不绝",可见孔子是一个活得很讲究、生活品位很高的人,这一点在他生活相对稳定的晚年就更加突出了。《论语》记载,孔子"食不厌精,脍不厌细。食饐而餲[1],鱼馁[2]而肉败,不食。色恶,不食。臭恶,不食。失饪,不食。不时,不食。割不正,不食。不得其酱,不食。肉虽多,不使胜食气[3]。惟酒无量,不及乱。沽酒市脯不食。不撤姜食,不多食"。从这段话我们可以看出,孔子吃东西非常讲究,饭菜做得越精致越好。鱼、肉之类的一旦腐败了,他不吃;食物的颜色有所改变,他不吃;食物的气味不对,他不吃;烹调不当,他不吃;不到饮食时间,他不吃;在烹饪过程中食物切割的方法不正确,他不吃;吃肉的数量绝不超过主食;喝酒绝不喝醉;随便买来的酒肉,他不吃。这么多的"不食",便是孔子的养生学。"病从口入",管住了嘴,不乱吃东西,生病的概率当然大大降低。这一原则至今仍然适用。

可是,接下来的问题是,孔子生活这么讲究,维持他高品质生活的钱来自哪里?

其实,晚年的孔子根本不差钱。孔子创办"私学",既培养学者,也培养官员和专业技术人才。在当时,儒学作为一个学派,拥有巨大的规模,如此一来,办班所收学费就是一笔不小的收入。另外,孔子后来做官一直做到鲁国大司寇,收入也很高。史书记载,孔子"南游于楚,从车百乘,积粟万钟,累絪而坐,列鼎而食"。孔子"南游于楚"是他周游列国后期的事情,时间在公元前489年至公元前485年之间,孔子当时已年逾六十。

孔子自称"六十而耳顺",这话应该是真的。孔子一生以"温良恭俭让"的姿态待人接物，修行到六十岁，见多识广，看到什么，听到什么，他都不会生气了，心态极其从容淡定。到了晚年，孔子所教的许多学生都已成为社会栋梁，他们有的是高官（如冉求），有的是富商（如子贡），有的是知名学者（如子夏）。在孔子那个年代，师生关系比现在要亲近得多，说"师徒如父子"也不为过。学生成为"成功人士"之后，自然不能亏待老师。

历史学家张荫麟就说，孔子晚年的生活"很可以当得起一个退职的司寇：行则有车代步，衣则'缁衣羔裘，素衣麑裘，黄衣狐裘'，食则'食不厌精，脍不厌细……失饪不食，不时不食，割不正不食，不得其酱不食……沽酒市脯不食'，回思在陈绝粮时的情景，已成隔世了"。

孔子晚年，除了教育弟子，所做的另一件重要事情就是著《春秋》，孔子本人也很看重《春秋》。

《史记》记载，孔子任司寇审理诉讼案件时，文辞上遇到可与别人商量的地方，他从不独断。可到了写《春秋》时就不同了，应该写上的一定要写上去，应当删掉的一定要删掉，就连子夏这些长于文字的弟子，一句话也不能给他增删。孔子教弟子们学习《春秋》时说，后人了解我是因为这部《春秋》，后人怪罪我也是因为这部《春秋》。从这段话中我们可以看出，孔子本人非常重视《春秋》，他把自己在现实中不能实现的仁政主张、仁道理念全部灌注到了《春秋》之中。用现在的话说，就是《春秋》绝对是孔子的诚意之作、心血之作。

可是，既然是诚意之作、心血之作，那孔子为什么还要说"知我者其惟春秋乎！罪我者其惟春秋乎！"的话呢？我们通过读《春秋》，可以更好地了解孔子，这一点好理解。可是怪罪孔子，这又怎么说呢？原来，在孔子之前，写史是天子之事，私人是无权著史的。史学由官方垄断，必须是

史官才有资格著史，私人不得插手。孔子并非史官，他以私人的身份著《春秋》，这在当时算是一种不合礼法的行为，更何况《春秋》之中，还有很多对历代鲁国君主的批评之词，这在当时也算是犯上之举，所以孔子才会说出上面的话。也就是说，孔子著《春秋》，是冒着极大政治风险的。

那冒着这么大的风险著《春秋》，值不值得呢？非常值得。就像现在人们所说的，"风险越大，收益越大"，孔子冒了极大的风险著《春秋》，《春秋》著成之后，影响也是非常深远的。

首先，这是一项开创性的事业，以前没有私人敢于著史，孔子冒天下之大不韪，毅然做了这件事情，等于是把官方垄断的写史的权力转移到了民间。其次，孔子著《春秋》，除了记事之外，还赋予历史一种明辨是非善恶的教化功能，这就提高了历史的含金量。最后，孔子著《春秋》，等于在乱世之中获取了儒家思想的话语权，这一点非常厉害。一般来讲，对人的影响和支配会有以下几种途径：一种是通过政令法律，一种是通过金钱财物，一种是通过思想意识。孔子被后人尊为"素王"，意思就是他虽然没有真正做过君王，不是法统意义上的君王，但他创造了一套话语体系，是道统之王，是思想意识之王。

孔子的思想虽然在当时没有被统治者采纳，但他对后世的人们产生了非常深远的影响。孔子"著春秋而乱臣贼子惧"，等于说孔子通过评议历史，创建出了一整套的道德伦理体系，并以此深深地影响着后世人们的政治运作和日常生活。

从汉武帝独尊儒术到清朝灭亡，在这两千多年的时间里，中国历史上王朝更迭不断，但孔子的宗师地位不可动摇，以孔孟之道为核心的儒家思想也一直是中国社会的主流意识形态。后人说孔子是"万世师表"，指的就是孔子代表着师道尊严，代表着道统。而这个道统，并不随着王朝的更替而改变，汉朝要讲仁义礼智信，唐朝也要讲仁义礼智信，宋朝还要讲仁义礼智信。在中国古代，皇帝代表着世俗的最高权力，是法统的代表。那孔子呢？就是道统的代表，是仁义的化身，是圣贤的典范。法统是不断变化的，可道统却是不变的。历史上的那些王朝，都尊奉孔子为"至圣先师"，也大都以儒家思想为主流思想。这就是孔子特别伟大的地方。

但孔子晚年的幸福时光并没有持续太长时间，公元前479年，孔子去世，享年七十三岁。

如果你要问，孔子晚年的生活为何会过得如此幸福？答案也简单：学习。孔子曾经说："耕也，馁在其中矣；学也，禄在其中矣。"意思是说，你努力耕种，有时还难免遇到天灾，会挨饿；但你若肯坚持不懈地学习，物质生活就一定会有保障。孔子的一生为这句话做了一个很好的注解。孔子不是官二代，也不是富二代，而且三岁的时候父亲就死了，完全是一个苦孩子。可是，这个苦孩子"好学守礼"，"十有五而有志于学"，"学而不厌"，以学为乐。经过学习，他确实改变了自己的命运，成为了"大成至圣先师"。

第一部分 孔子的生平及主张

四 孔子谈礼乐

今天，很多人以孔子为人生榜样，那么，孔子有没有自己的人生榜样呢？有。这个人就是周公。

晚年的孔子曾这样感叹："甚矣吾衰也！久矣，吾不复梦见周公。"意思是说，我衰老得多么厉害呀！我好长时间没再梦见周公了！可见，孔子心心念念，以周公为榜样，连做梦都经常梦见周公。

周公是周文王的儿子、周武王的弟弟、周成王的叔叔。周武王去世之后，周成王年幼，还不能管理国家，周公就以摄政王的身份治理国家，并在这个过程中"制礼作乐"，创建了西周王朝的礼乐制度。

周礼就是由周公创制的，内容包括"礼仪三百，威仪三千"，几乎涵盖了人们生活的方方面面。周公制定周礼，饱含着让人们过上艺术化生活的愿望。所谓艺术化生活，就是人们举手投足之间都能展现出内心诚敬、言行优雅的气度，这是一份自信从容、淡定祥和的美感。

美好的事物难以建立，却易于损毁。周礼也是如此。西周灭亡之后，周平王东迁，中国进入了春秋时期。在这样一个政局动荡、诸侯争霸的时代，周礼也渐渐被人们抛弃了。不遵守周礼的时间长了，人们甚至连周礼是怎么规定的都忘了，这便出现了人们所说的"礼崩乐坏"的现象。

不妨举例说明。鲁文公四年（公元前623年），卫国大夫宁武子对鲁国进行外交访问，鲁文公设宴款待他。按照周礼，宴会之上，主人和客人是要"赋诗"的。所谓"赋诗"，也不是要大家当场写诗，而是要唱诵或演奏诗歌。所唱所奏的诗歌，类似于今天人们所说的流行歌曲。可是，跟今天人们唱流行歌曲只是为了娱乐不同，春秋时期的人们"赋诗"，是要借助诗歌含蓄地表情达意。宾主相见，很多话不便明说，就通过"赋诗"来委婉地表达，这叫作"诗言志"。因此，孔子才教育他的儿子孔鲤说："不学《诗》，无以言。"意思是说，不把《诗》学好，你出席正式场合就不能很好地与人交流——别人"赋诗"你就听不出其中蕴含的意思，更不知该如何回答。你说的话会太直白，不得体，没美感。

鲁国是周公的儿子伯禽的封国，自古就是"礼仪之邦"，在春秋时期也算是保存周礼最好的国度，在外交场合当然是要"赋诗"的。于是，鲁

第一部分 孔子的生平及主张

文公就让乐工为宁武子"赋诗"两首——《湛露》和《彤弓》①。可是，宁武子听了之后，既没说感谢的话，也没"赋诗"回应。鲁文公感到很奇怪，就让鲁国的外交人员私下问宁武子。宁武子解释说，我以为你们的乐工是为了修习学业才演奏这两首乐曲，没想到是为了让我"赋诗"。为什么呢？过去诸侯在正月去朝见周天子，周天子设宴款待他们时才演奏《湛露》，意在表明天子向明而治，诸侯恪尽职守。诸侯奉命去征讨违抗天子命令的人，胜利之后向天子献功，周天子会赐给诸侯红色的弓一张、红色的箭一百支，黑色的弓一张、黑色的箭一千支，这个时候才演奏《彤弓》。而我现在只是卫国的使臣，来鲁国是为了发展两国之间的友好关系，我哪里有资格承受如此隆重的大礼？意思是说，《湛露》和《彤弓》这两首乐曲都是天子招待诸侯时使用的，鲁文公自己才是个诸侯，怎么能用这两首乐曲来招待他国的使臣呢？

看看，人家宁武子不回应《湛露》《彤弓》，不是不知礼，而是太知礼、太守礼了。宁武子是春秋时期的贤者，孔子赞扬他说："宁武子，邦有道则知，邦无道则愚；其知可及也，其愚不可及也。"意思是说，在太平岁月，宁武子的聪明才智是一般人可以达到的，但是在乱世之中，宁武子的装傻充愚则不是一般人可以做到的。从这次外交活动中，我们也可以看出宁武子的智慧：鲁文公让乐工演奏的两首乐曲明显僭越了礼制，若回应，就等于认同了这种僭越，若当场指出，则会让鲁文公很没面子，下不来台，所以宁武子就装糊涂，不做回应。你来问，人家才向你解释，你若不问，可能人家就不解释了。这种"沉默的智慧"，着实高人一等。

从这则小故事中我们可以看出，到了礼崩乐坏的春秋时期，即便是保持礼乐制度最好的鲁国，其对礼乐制度的研究和理解也是很不够的，这充

---

①这两首诗均出自《诗经·小雅》。

分说明礼乐制度在当时被破坏到了何种程度。

另一件事更能说明春秋时期礼乐制度的荒废状况。鲁宣公十六年（公元前593年），晋将士会带兵灭掉了赤狄及其余部留吁、铎辰，立了大功。晋侯向周天子请求册封，任命士会做晋国的中军主帅，兼做太傅。不久，周王室发生了内乱，晋侯派士会去调和王室纷争，周定王宴请他。宴会开始，上来的是带骨头的肉块。士会不知道这是怎么回事，就向旁人打听。周定王听到了，就将其召至跟前说："季氏，而弗闻乎？王享有体荐，宴有折俎。公当享，卿当宴，王室之礼也。"意思是说，你没听说过吗？周天子招待公侯用享礼，招待卿用宴礼。这是周王室的典制呀。所谓享礼，就是把杀掉的整个牲畜端上来，称为体荐。所谓宴礼，则是端上带骨头的碎肉块，称为折俎。士会也是春秋时期晋国的贤大夫，后人称他为随武子，可他已经做了晋国的正卿（执政官），仍不了解周王室的典制，可见当时周礼的荒废程度。士会在此次朝见周天子时丢了丑，回到晋国后下大力气修晋国之法，尽可能地恢复周礼。

跟士会差不多的人物还有鲁国的孟僖子。鲁昭公七年（公元前535年），他跟随鲁昭公去楚国。途经郑国，郑伯在公历设宴款待鲁昭公。这次外交仪式由孟僖子做"介"（主持仪式的副使），结果，孟僖子"不能相仪"，主持不了这个仪式。到了楚国，楚国以郊劳之礼招待鲁昭公，孟僖子也不知道该用什么礼仪答谢。孟僖子也是鲁国的贤大夫，可此时他都没有能力"相礼"了，可见周礼之不兴到了何等地步。像士会一样，孟僖子也是知耻而后勇，回到鲁国后，凡是听到有懂礼仪的人，他就去请教。临终的时候，他还嘱咐两个儿子一定要做孔子的学生，以弥补自己生前的遗憾。他的两个儿子就是孟懿子和南宫敬叔，后来都成了孔子的学生。

"物极必反"，看到周朝的礼乐制度荒废到了极点，以孔子为代表的一

第一部分 孔子的生平及主张

大批春秋贤者感到非常痛心,立志要恢复周礼。这一点,大概就跟今天一些人努力弘扬传统文化差不多。同时,春秋后期的一些人也有学习周礼的精神需求——经过一段痛苦的社会转型期后,人们总是要寻找能使身心安宁的文化力量。在这种情况下,孔子横空出世了。他是礼乐制度的集大成者——不仅全面掌握了周礼的种种仪式,还"与古维新",从周朝的礼乐制度中提炼出"仁"的思想。孔子通过周游列国和兴办私学,广泛传播了"仁"的理念,最终成为儒家思想的大宗师。

五　孔子论仁

　　一天，孔子和学生们聚在一起谈天说地，突然说了一句："参乎！吾道一以贯之。"意思是说，曾参啊，我的学问可以用一个观念贯穿起来。曾子也不含糊，立刻说，是啊！孔子走后，同学们都围住曾子问，你和老师在说什么啊？

　　曾子不愧为孔子的得意门生，他很从容地回答说，老师的意思是，他

的学问，归根到底，就是忠、恕两个字而已啊。

什么是"忠"呢？用论语中的话说就是"己欲立而立人，己欲达而达人"，自己想要有所建树，也要帮助别人有所建树，自己想要事业发达，也要帮助别人事业发达。"恕"就是"己所不欲，勿施于人"，自己不喜欢的事情，就不要强加在别人身上。"忠"与"恕"是孔子精神的核心所在。"忠道"和"恕道"合在一起，就是"仁"。

阅读《论语》，不仅要理解孔子怎样说，还要体会他怎样做。《论语》记载了大量孔子生活中的言谈举止，从这些言行中我们也可以体会到孔子的仁德。比如，"子食于有丧者之侧，未尝饱也"，孔子在死了亲属的人旁边吃饭，从来不曾吃饱过。"子见齐衰者、冕衣裳者与瞽者，见之，虽少，必作；过之，必趋"，孔子看见穿丧服的人、穿戴礼帽礼服的人以及瞎了眼睛的人，相见的时候，他们即使比孔子年少，孔子也一定站起来，从他们身边走过的时候，一定是小步快走，以示恭敬。

"厩焚。子退朝，曰：'伤人乎？'不问马"。孔子的马棚失了火，他上朝回来，只问伤人了没有，并不问马的情况。马匹在春秋时期是非常贵重的财产，孔子只问伤人没有，体现的就是他爱人的仁者之心，而并不在乎财物的损失。这些细节累加起来，就让一个仁爱有加的孔子形象逐渐立体起来，这比我们泛泛而谈什么是"仁"要生动具体多了。

除了自己身体力行以外，孔子对如何传授"仁"也有自己独特的心得。他从来不空泛地讲解，也不一概而论，而是针对每个向他请教的人提出具体的意见。比如颜回问仁，孔子的回答是："克己复礼为仁。一日克己复礼，天下归仁焉。为仁由己，而由人乎哉？"意思是说，克制自己的欲望，让自己的言行符合周礼的规定就是仁，一旦你做到了让言行符合周礼的规定，天下人就会称赞你是一个仁者。想成为一个仁者，就要靠自己，怎么能靠别人呢？颜回再问："请问其目。"请您再讲一下行动的纲领吧。孔子回答："非礼勿视，非礼勿听，非礼勿言，非礼勿动。"孔子说，凡是不符合周礼的事，不要看，不要听，不要说，更不要做。因为颜回的道德水准高，相应的，孔子对他的要求也就高。

子贡也问同样的问题，孔子回答："工欲善其事，必先利其器。居是邦也，事其大夫之贤者，友其士之仁者。"子贡是商人，能赚钱，有外交才华，经常在不同的国家活动。针对他的这些特点，孔子教诲他说，每到一个国家，就向那个国家的贤大夫学习，同时与有仁德的士人做朋友。

等冉雍问仁时，孔子的回答又变了："出门如见大宾，使民如承大祭。己所不欲，勿施于人。在邦无怨，在家无怨。"意思是说，出门的时候要像会见重要宾客那样庄重，役使民众要像参加祭祀那样满怀敬畏。你所不愿意承受的结果，就不要强加在别人的身上。这样，你无论是为国家做事，还是为家族做事，都不会招致怨恨。冉雍也是孔子一流的学生，所以孔子也把最核心的东西讲给了他。

最有趣的是司马牛问仁，孔子的回答竟然是："仁者其言也讱。""讱"就是有话慢慢说、不要急躁的意思。原来司马牛这个人"多言而躁"，所以孔子才教他"讱"，不要太急躁。司马牛可能是被孔子的这个回答弄糊涂了，就又问："其言也讱，斯谓之仁乎？"说话慢一点就算仁了吗？孔子回答："为之难，言之得无讱乎？"事情做起来不容易，说话的时候慢一点，不是应该的吗？你看，孔子教司马牛说话慢一点，其核心不在说话速度之快慢，而在出言谨慎，说话之前要先考虑到日后能否兑现。

子张问仁，孔子告诉他要做到"恭、宽、信、敏、惠"五条，并说

"恭则不侮，宽则得众，信则人任焉，敏则有功，惠则足以使人"。子张是孔子优秀的学生，有艺术气质，"宽冲博接，从容自务"，但不拘小节，忽视"礼"，言行有时不合规矩，门人因此对其"不敬"。针对子张的这一特点，孔子将仁分解成"谦恭、宽厚、诚信、勤敏、惠人"五种品格，让子张对照着去做，针对性极强。孔子善于因材施教，由此可见一斑。

第二部分 孔子和他的弟子们

一　孔子和颜回的故事

孔子是中国历史上最伟大的教育家，他教过的学生据说有三千人之多，其中"贤者七十二"，而最有名的当然又属"孔门十哲"了。

"孔门十哲"指的是孔子门下的十位得意弟子，他们分别是：以德行著称的颜回、闵子骞、冉伯牛、仲弓，以能言善辩著称的宰我、子贡，善于处理政事的子路、冉有，以文学著称的子游、子夏。孔子是为人师表的千古楷模，而"孔门十哲"则是孔子培养出来的优秀人才。他们不仅仅是孔子的学生，更是孔子教育团队中的核心成员。孔子创建的"私学"影响巨大，这其中也有"孔门十哲"的一份功劳。正因如此，文庙中有孔子的塑像，也有"孔门十哲"的塑像。"孔门十哲"活着的时候跟随孔子一块办教育，死后也和老师一起获得后人永远的怀念。

那么，"十哲"之中，谁又是孔子最好的学生呢？

答案是：颜回。

《孔子家语》中记载，孔子有一次"北游于农山"，子路、子贡、颜回三人陪同。孔子让三个弟子谈谈各自的愿望。子路说，我希望有这样一个机会：白色的指挥旗像月亮，红色的战旗像太阳，钟鼓之声响彻云霄，数不清的旌旗在大地上挥舞，我带领一队人马进攻敌人，一战就使敌人溃退千里，我拔去敌人的旗帜，割下敌人的耳朵，建立卓越的军功。这样的事情只有我能做到，您就让子贡和颜回跟着我干吧。

孔子赞叹说，真勇敢呀！

子贡接着说，在齐国和楚国两个大国即将交战的广阔平原上，两军的营垒遥遥相望，两军战马扬起的飞尘遮蔽了天空，两军士兵马上就要交战了。在这种情况下，我穿戴白色衣帽，以使者的身份奔走于两国之间，劝说他们权衡利害，停止交战。这样的事只有我能做到，您就让子路和颜回跟着我干吧。

孔子赞叹说，好口才呀！

该轮到颜回谈想法了，但颜回后退不语。

孔子问颜回，为什么只有你没有想法呢？

颜回回答说，文武两方面的事，子路和子贡都已经说过了，我还能说什么呢？

孔子勉励说，反正就是各人说各自的想法，你就说说吧。

颜回说，我听说香薰草和臭莸草不能放在同一个容器之中，贤君尧和暴君桀也不能共同治理一个国家，因为他们压根就不是同一类人。我只希望有明君圣主来治理国家，用仁德礼乐来教化人民，使老百姓不用再修筑城墙，也不用再挖护城河。没有了战争，剑戟之类的武器被改铸为农具，广阔的平原不再用作战场，而是改为牧场，放牧牛马。这样，妻子不再为远离家乡的丈夫担忧，人们也不再承受战争的痛苦，子路没有机会去展示他的勇敢，子贡也没有机会施展他的好口才了。

孔子赞叹说，这种德行是多么美好呀！

子路追问说，老师，那您选择哪种呢？

孔子说，不耗费财物，不危害百姓，也不说过多的言辞，还是颜回的想法最好呀。

孔子为什么说颜回的想法最好？很简单，颜回所希求的只是世界的和平和人民的安乐，而没有考虑个人的功名利禄。无论是子路想凭勇敢在战场上建立卓越的功勋，还是子贡想靠口才创造外交奇迹，二人的着眼点都是自己如何创建功业，他们的心中还都有强烈的"我执"，即要凸显自己的与众不同。他们这种英雄主义情结不能说不好，但与颜回的"无我"境界相比，毕竟要低很多。

颜回曾说："愿无伐善，无施劳。"意思是不想夸耀自己的优点，也不愿凸显自己的功劳。他一方面能甘于清贫，甘于寂寞，另一方面又祈愿和平，希望所有人都能过上美好的生活。有这样的心胸和襟怀，怎能不令人感动？

第二部分 孔子和他的弟子们

颜回是孔子最赏识的学生，孔子曾说："贤哉，回也！一箪食，一瓢饮，在陋巷，人不堪其忧，回也不改其乐。"意思是颜回安贫乐道，即便在极其贫苦的情况下，也乐于学道且能体会学道之乐。孔子还表扬颜回"闻一以知十""不迁怒，不贰过"。这些都是极高的境界，一般人在学习上能"举一反三"就很不错了，人家颜回却能"闻一以知十"，如此触类旁通，当然是第一流的好学生。更难得的是，他"不迁怒"，负面情绪到自己这里为止，绝不让自己成为负面情绪的传输带；"不贰过"，错误只犯一次，知道错了，立马就改，绝对不犯第二次。

其实，颜回之所以成为孔门第一弟子，与他的好学是分不开的。孔子好学，自诩"好学不厌，诲人不倦"，在这一点上，颜回与孔子最为相契。孔门以培养君子士人为己任，而好学正是成德的第一步，这里的学不仅仅是知识和技能的学习，更是自我丰富和不断发展。所以说，孔子和颜回虽为师生，却堪称知己。

颜回死时，孔子已经七十岁。最得意的弟子早逝，晚年的孔子异常悲伤，"子哭之恸"，说"天丧予，天丧予"，意思是说，老天爷这是要我的命啊，老天爷这是要我的命啊！别的弟子劝孔子说，老师您别太悲伤了，节哀顺变吧。孔子回答说："非夫人之为恸而谁为？"意思是说，我不为颜回悲伤，还能为谁悲伤呢？后来，鲁哀公问孔子："弟子孰为好学？"孔子回答说："有颜回者好学，不迁怒，不贰过。不幸短命死矣，今也则亡，未闻好学者也。"可以看出，孔子非常器重颜回，是要把他作为道统的继承人来培养的。颜回早逝，是对晚年孔子的一次极重大的精神打击，孔子觉得自己的"接班人"被上天夺走了。

有意思的是，孔子虽然伤心至极，却极力反对厚葬颜回。颜回的父亲颜路请求孔子把车卖掉，以给颜回买椁（即外棺）。孔子拒绝了颜路，他说，无论有没有才能，都是人子，我儿子伯鱼死的时候，也只是用棺盛殓的，没有使用椁。我不能卖了车为颜回买椁。我以前做过士大夫，出行是不能没有车的。

孔门其他弟子要厚葬颜回，孔子也反对，说"不可"。但这次弟子们没听老师的话，还是厚葬了颜回。孔子很生气，说，颜回生前对待我像对待父亲一样，但我却不能在他死后像对待儿子一样。厚葬颜回不是我的意思，是你们非要这么干的。

我们不禁要问：孔子为什么反对厚葬颜回？原因很简单，孔子虽然内心十分悲伤，但他不会因为自己的感情而僭越礼制。按照周礼，葬礼的级别要与死者的身份相配。士大夫死后才可有棺有椁，颜渊并未做官，不是士大夫，故不该逾礼厚葬。另一方面，颜回生前一直安贫乐道，按其本人的一贯作风，他也肯定不愿死后逾礼厚葬。孔门弟子厚葬颜回，于同学感情而言可以理解，但于礼制而言则有所违背。反观孔子在颜回死后的一系列表现，我们可以看出孔子做事的分寸感。他虽然悲痛异常，但并未丧失理智，亦不肯逾越礼法（当时的社会规范）。其实，若颜回有知，恐怕也会赞同老师的做法。

在孔子看来，做人要有理智，不能感情用事，即便在极度悲伤的情况下，也要有所克制，不能"由着性子"而不顾及社会规范。

第二部分 孔子和他的弟子们

二　孔子和子贡的故事

　　子贡，原名端木赐，是孔子的高徒。他不仅口才特别棒，而且善于经商，被誉为"儒商鼻祖"。在过去，如果人们赞扬某个商人有文化，经常会送他一块匾额，上面写了四个大字：端木遗风。意思就是，这个人是儒商，就像孔子的弟子子贡一样。

子贡口才出色，《论语》中记载了他和孔子之间很多精彩的对话。

子贡曾问孔子说，老师，您说我是什么样的人？

孔子说，你像一个有用的器物。

子贡又问，是什么器物？

孔子说，是瑚琏。

瑚琏是古代宗庙中祭祀时盛放粮食（黍稷）的器物，用竹子做成，镶嵌着玉石，既贵重，又华美。孔子说子贡是瑚琏之器，意指子贡有庙堂之材，可以大有作为。

孔子知道子贡能言善辩，怕他骄傲，就用一种特殊的方式提醒他，问他说，你觉得自己和颜回相比，谁更出色？

子贡一听就明白了老师的用意，赶紧回答说，我怎么敢跟颜回相比呢？颜回听到一个道理，能够推知十个道理，我听到一个道理，也就能推知出两三个道理而已。

孔子趁热打铁，说，你确实不如颜回呀，你和我都不如颜回呀。既高调表扬了颜回，也照顾到了子贡的面子。

还有一次，子贡问孔子说："富而无骄，贫而无谄，可乎？"一个人富有而不骄纵，贫穷而不谄媚，这样的人怎么样？

孔子回答："可也。未若贫而乐道，富而好礼。"这样的人当然可以了。不过，和贫穷却乐于恪守圣贤之道、富有却仍能处事谦恭相比，还是不如的。

师徒两人的这段对话非常耐人寻味。子贡说的"富而无骄，贫而无谄"，指的是一个人富了之后没有骄纵傲慢的坏毛病，以及一个人贫贱却没有谄媚的坏毛病，这两种品格当然都非常可贵。可是，这都是从消极方

第二部分 孔子和他的弟子们

面讲的，即富了之后不犯富人常犯的坏毛病，身处贫贱也没有贫贱者常有的坏毛病。

孔子提出的"贫而乐道，富而好礼"则是从积极方面讲的，一个人虽然贫贱，却乐于学习圣贤之道，等富贵之后还能恭敬谦卑，恪守礼仪。这样的人不是更难得吗？子贡提出的两点侧重于不干坏事，而孔子提出的这两条侧重于做好事，无论贫富，都要致力于培养自己的好品格。

子贡听了老师的回答，立马说："《诗》云，'如切如磋，如琢如磨'，其斯之谓与？"

孔子说："赐也！始可与言《诗》已矣，告诸往而知来者。"

"如切如磋，如琢如磨"，切、磋、琢、磨是古代的加工工艺，切是切割，琢是雕凿，目的都是为了把玉石、甲壳、兽齿等材料加工成所需要的形状。磋、磨，指的是打磨、磨制，目的都是为了让器物表面更加光滑。俗话说"玉不琢，不成器"，一块美玉，材质再好，如果不经过能工巧匠的精雕细刻，那也不能成为一件上好的艺术品。要雕刻出一件好的艺术品，工匠会按照操作规范，使用切、磋、琢、磨等工艺手段，把形状不够美观的改造成形状美观的，把表面粗糙的打磨成表面光滑的，经过精益求精的雕刻，一件上好的艺术品才能诞生。

玉石如此，人也一样。一个人心地善良，身体健康，智商和情商也不错，是一个好苗子。可是，这就够了吗？不够呀。是好苗子，不等于就会长成参天大树，也不等于一定能真正成才。这中间还要经过不断地学习，不断地修养德行、增长学问，才能从小苗长成大树，从而完成从"一块好料"到一件上好艺术品的转化。这才是"如切如磋，如琢如磨"最核心的意思。

子贡听了孔子的教诲之后，觉得老师的水平就是比自己高，立马说，

《诗经》里所说的"如切如磋，如琢如磨"，讲的就是这回事吧？意思是说，一个人要成才，需要经过老师精心的教育、打磨，而老师现在正是在教育、打磨自己，帮助自己提升境界。子贡这话说得很有水平，引用的句子恰到好处。

孔子听了非常高兴，说，赐呀，现在可以同你讨论《诗经》了，告诉你一件过去的事，你就能有所发挥，举一反三，想到未来的事，意思是孺子可教，你是个有悟性的好学生。

子贡除了口才极好外，还非常有外交才能。

春秋末期，齐国的大权掌控在几个大家族的手中。这几个大家族分别是田氏、高氏、国氏、鲍氏、晏氏，其中尤其以田氏家族的势力最大。田氏家族的田常（当时担任齐国的执政官）想要在齐国发动叛乱，却害怕其他几个家族反对，就想出一个办法：对鲁国发动战争。借着发动战争的机会，让其他几个家族的人去带兵打仗，以达到"调虎离山"的效果。

孔子听说这件事之后，就对门下弟子们说，鲁国毕竟是我的祖国，我怎么能眼睁睁地看着祖国覆灭呢？你们中间谁有什么办法救鲁国呀？子路、子张等好多弟子都想帮助老师分忧。不过，孔子没有选择这些人，独独选择了子贡。子贡没让孔子失望，他的"救鲁行动"干得非常漂亮。

子贡先到了齐国，拜见了田常，对他说，您攻打鲁国的想法是错误的。鲁国是个难攻打的国家，它的城墙单薄而矮小，它的护城河狭窄而水浅，它的国君愚昧而昏聩，它的大臣虚伪而无能，它的士兵和百姓厌恶打仗，这样的国家不可以和它交战。您不如去攻打吴国。吴国的城墙高大而厚实，护城河宽阔而水深，士兵的铠甲坚固而崭新，士卒都经过挑选，且装备精良。吴国的军中有很多人才，还有能干的大臣领兵。这样的国家才是应该攻打的。

田常听后脸色大变，说，你这是什么混账逻辑呀！照你所说，不正是鲁国容易攻打、吴国难以攻打吗？

子贡解释说，我听说，忧患在国内的，要去攻打强大的国家；忧患在国外的，要去攻打弱小的国家。如今，您的忧患在国内。您派出的军队由国书（齐国的大夫）率领，他是您的政敌。若他打败鲁国，威望必然上升，这对您不利。相反，若派他带兵去攻打吴国，他就要长期在外（吴国距离齐国遥远），如此，您便能随心所欲地操控朝政。再者，若国书带兵战胜吴国，齐国可以就此称霸；若国书被吴国打败，那他的威望大大下降，也对您有利。总之，攻吴对您好处多多，是您最正确的选择。

田常听后，采纳了子贡的建议，改攻鲁为攻吴。

随后，子贡又来到吴国，对吴王夫差说，齐国就要来攻打贵国了，请做好准备。

此前，吴国打败了越国，吴王夫差的称霸野心已经被刺激起来了。

子贡对他说，施行王道的国君不能让诸侯属国灭绝，施行霸道的国君则不能让另外的强敌出现。在千钧重的物体上，再加上一铢一两的分量也可能产生移位。如今，拥有万辆战车的齐国要独自占领拥有千辆战车的鲁国，并以此来和吴国一争高下，我私下替大王感到担心，我觉得您应该去救援鲁国。援救鲁国，是显扬名声的事情；攻打齐国，是获得利益的事情。对您来说，安抚泗水以北的各诸侯国，讨伐暴虐的齐国，以此来震慑强大的晋国，没有比这获利更大的事情了。这样做，名义上救助了处境危险的鲁国，实际上阻止了强齐的扩张，这个道理，聪明人都能看出来。如果吴国能打败强大的齐国，不仅鲁国会因此感激吴国，其他诸侯国也会佩服吴国主持正义的勇气，吴国的霸业由此可成。至于越国，我可以去说服，让其出兵帮助您伐齐。

吴王夫差一心想做霸主，听了子贡的分析，感觉很合心意，就接受了他的建议。

子贡又来到越国。越王勾践来到子贡下榻的馆舍，说，越国是个偏远落后的国家，大夫您怎么屈尊来到了这里？

子贡说，现在我已劝说吴王出兵攻打齐国，以达到援救鲁国的目的。他心里也想这么做，但就害怕越国在背后搞小动作，说要等攻下越国才可以这么做。若是这样，吴国攻破越国就是近在眼前的事了。对您来说，若没有报复他人的想法却使人怀疑有，那就太拙劣了；如果有报复他人的想法又让人知道，那也不安全；事情还没有发生就先叫人知道，这太危险了。这三种情况都是办成事的最大隐患。

勾践听罢，说，我曾不自量力，和吴国交战，结果失败，被困在会稽，日夜唇焦舌燥，只打算和吴王一块拼死，这就是我的愿望。可是不知怎样才能做到？

子贡说，吴王为人凶猛残暴，大臣们难以忍受；国家多次打仗，弄得疲惫衰败，士兵不能忍受；百姓怨恨国君，大臣内部发生变乱；伍子胥因诤谏被杀死，太宰嚭执政当权，不矫正国君的过失，只想保全自己的私利，这是残害国家的做法啊。现在大王若真能出兵辅佐吴王，以投合他的心志，用重金宝物来获取他的欢心，用谦卑的言辞表示对他的礼敬，他一定会攻打齐国。如果那场战争不能取胜，就是大王您的福气了。如果打胜了，他一定会带兵逼近晋国。我将北上会见晋国国君，让晋国攻打他。如此一来，一定会削弱吴国的势力。等他的精锐部队消耗殆尽，又被晋国牵制住的时候，大王您再趁机攻打吴国，这样一定能灭掉吴国。越王非常高兴，答应依计行动。送给子贡黄金百镒、宝剑一把、良矛两支。子贡没有接受，离开了越国。

最后，子贡来到晋国，对晋君说，若吴国击败齐国，必然会挑战晋国的霸主地位，请晋国"修兵休卒以待之"，做好与吴国开战的准备。

子贡一番外交斡旋之后，回到了鲁国。

结果，吴、齐交战，吴军在艾陵大破齐军，随后兵锋直指晋国。吴、晋两国争雄，结果晋军打败了吴军。越王听到吴军惨败的消息，趁机袭击了吴国。

吴王夫差听到这个消息，赶紧带兵从前线返回吴国。吴国军队先前在与齐国的交战中被消耗，后来又被晋国打败，损兵折将，实力大减，结果在与越国军队的作战中失败了。最后，越王勾践攻占了吴国，杀死了吴王夫差，成功复国。

你看，经过子贡的一番外交斡旋，鲁国保全了，齐国削弱了，吴国被越国所灭，晋国的实力更加强大。所以司马迁才在《史记》中说："子贡一出，存鲁，乱齐，破吴，强晋而霸越。"可以说，子贡这次救鲁行动，充分展示了他纵横捭阖的外交才华。

子贡善于经商，"家累千金"，是春秋末期名闻诸侯的富商，非常有影响力。在孔子去世后，甚至有人说"子贡贤于仲尼"，意思是子贡比他的老师孔子还厉害。子贡严厉地批评了这种论调，他说，这就像围墙，我家的围墙只有肩膀那么高，外面的人很容易就可以从墙外看到院子里房屋的美好。而我老师的围墙却有几丈高，一般人根本看不到围墙里的宗庙多么雄伟，房舍多么漂亮。子贡还说，他人的贤能，好比山丘，是可以逾越的，而我老师的贤能，像太阳和月亮，是不可逾越的。

　　孔子去世后，众弟子为他守孝三年，而子贡在其他弟子守孝结束后，又独自为老师守孝三年。从这一点上，我们也可以看出子贡对老师的一片深情。所以，后人奉子贡为儒商鼻祖，实在是实至名归。

三 勇武的子路

子路小孔子九岁，是孔子第一批弟子中的一员。他武功高，性子直，豪爽侠义，也有些粗鲁、教条。《史记》记载，子路原本是个赳赳武夫，头戴鸡冠似的帽子，佩带公猪皮装饰的宝剑，很有点不良青年的架势。可是，孔子认为子路本性善良、有侠义精神，就用礼乐之道慢慢教导他。孔子循循善诱的教育方法很快就起到了效果：子路穿上儒服，带着拜师的礼物，通过他人的引荐，请求做孔子的学生。

子路这样的人，一旦服了某个人，就一定会忠心耿耿，甚至以命相许。孔子与子路的师生关系就是如此。孔子曾经说过："道不行，乘桴浮于海。从我者，其由与？"意思是说，如果我的主张真的在这个世界行不通了，那我就坐上木筏，漂流到海外去。这种情况下，跟随我的，恐怕只有仲由（子路）吧！子路听了这话，很高兴。

孔子周游列国时，子路几乎全程追随，不但极尽弟子之礼，而且事实上成了孔子的私人保镖。有一次，孔子带领弟子离开卫国去陈国，走到匡地，被当地人给围了起来。原来，鲁国的权臣阳货曾欺凌过匡地的百姓，而孔子又长得像阳货，匡地人遂误认孔子为阳货，就把孔子他们给围了起来。

被围之际，门人弟子心生恐惧。孔子安慰大家说："文王既没，文不在兹乎？天之将丧斯文也，后死者不得与于斯文也？天之未丧斯文也，匡人其如予何？"意思是说，我是秉承天命、保全斯文不致丧失的人，只要上天不想让斯文丧尽，匡人就不能把我们怎么样。

孔子做完"思想政治工作"之后，用什么办法解围呢？子路出场了。"子路弹剑而歌，孔子和之，曲三终，匡人解围"。这段记载耐人寻味，我觉得匡地解围的关键是子路"弹剑而歌"，"歌"甚至也不是最重要的，"弹剑"才是重点。为啥？子路的"弹剑而歌"其实是一种威慑，是一种"军事演习"，是在向对方炫耀武力。你们不是想攻击我们吗？那好，先看看我的武功吧。看了之后，你们估算一下胜算几何？

结果，"匡人解围"——你功夫太高，我们匡人惹不起。

从这里，我们不但能看出子路武功之高，还可看出他身上的侠气。孔

第二部分 孔子和他的弟子们

子曾说："由也好勇过我。"意思是子路比我要勇猛。

子路还有一个很大的优点，就是始终说真话，信守承诺，这是他侠义精神的又一体现。鲁哀公十四年（公元前482年），小邾国的大夫射带着他的封地句绎投奔鲁国，他说，我不用与鲁国盟誓，只要让你们鲁国的子路跟我有个约定就可以了。鲁国就叫子路去与射约定，但子路不去。

鲁国的执政官季康子让冉有转告子路，射不相信鲁国的盟誓，却相信你的话，你去跟他约定一下不好吗？

子路回答，若要我与小邾国作战，我战死城下都可以。但是，射本是小邾国的大夫，却不守臣道，背叛小邾国，让我跟这样的人约定，我做不到。

乱世之中，子路不仅自己恪守君臣之道，而且从心底里对背叛君臣之义的人充满鄙视，其疾恶如仇的侠士风范跃然纸上。

充分认识到子路的侠气，会让我们对孔子及其团队有更深入的理解。生逢乱世，孔子带着弟子奔走于各诸侯国，若没有点侠气和江湖手段，如何应对得了？不客气地说，在那样一个乱世，如果孔子只有"温柔敦厚"一个面相，那他都有可能性命不保。实际上，孔子带着他的弟子周游列国，弟子之中，既有道德楷模（如颜回、闵子骞），又有富商巨贾（如子贡），还有武功高手（如子路）。可以说，孔子周游列国之时，带领的是一个人才济济、能文能武的综合性团队。只有这样的团队，才能应对得了乱世之中的各种凶险。今天我们读《论语》，如果只读到了讲道理、讲伦理，而读不到孔子及其弟子们的高超本领和不俗实力，那实在是片面的。"一阴一阳之谓道"，人在社会中生活，既要讲道理，也要讲实力，二者缺一不可。不讲道理，那是没良知，丧良心；只会讲道理，那就是没本事，没头脑。

生逢乱世，孔子对侠气满满又有点教条的子路还是有些担忧的。他曾说："若由也，不得其死然。"意思是说，以子路这种过于刚猛的性格，恐怕会不得善终啊。结果，孔子不幸言中——子路果然没得善终。

子路之死和卫国的内乱有关。当初，卫灵公有位宠姬叫南子，是个大美女。这个人私生活混乱，卫灵公的太子蒯聩看不惯，想发动政变除掉她。事情暴露后，太子蒯聩流亡到了国外。结果，卫灵公去世时，身为太子的蒯聩却在卫国。南子想让卫灵公的另一个儿子郢继承王位，但公子郢不肯接受，他说，太子虽然逃亡了，太子的儿子辄还在。于是，卫国就立辄为国君，是为卫出公。

蒯聩一直以卫国太子的身份在国外流亡，如今，自己的儿子当上了卫国国君，他自然心有不甘。而且，卫出公当上国君之后，十多年间也不想着把老爹迎回卫国，妥善安置。于是，父子之间的积怨就越来越深。最后，蒯聩潜回卫国，联合卫国的大夫孔悝发动政变，从儿子的手中夺取了国君之位，是为卫庄公，而卫出公被迫逃往鲁国。

蒯聩和孔悝发动政变的时候，子路恰好在孔悝的采邑担任家宰（负责处理采邑地区的行政事务）。政变发生时，子路有事在外，本可避开这场卫国的内乱。可是，他听到政变的消息，就立刻赶了回来。回来的路上，子路遇到了孔子的另一个学生子羔。子羔刚从卫国城门出来，他对子路说，卫出公已经逃走了，现在城门已经关闭，您可以回去了，免得因这场政变招致灾祸。

子路说，吃着人家的粮食，就不能回避人家的灾难。意思是卫国发生了政变，我不能坐视不管。

结果，子羔离开了，而子路却进了城。子路找到蒯聩，蒯聩和孔悝都躲在高台之上。子路说，大王为什么要任用孔悝呢？请让我把他杀了。子路认为孔悝发动政变，是乱臣贼子，可在蒯聩看来，孔悝恰恰是功臣，所以根本不可能听从子路的建议。于是，子路就要放火烧掉这座高台。蒯聩害怕了，就叫石乞、壶黡两名武士到台下去杀死子路。子路虽然武功超群，但此时已经是六十多岁的老人了，在战斗中败给了两名武士。打斗中，他的帽带被斩断，子路说，君子可以死，但帽子不能掉下来。结果，子路在系帽带的时候被杀死了。

卫国发生内乱时，孔子在鲁国。得到卫国发生内乱的消息，孔子说："柴也其来，由也死矣！"孔子所说的"柴"就是子羔，"由"就是子路。子路忠于卫出公，要以一己之力驱逐蒯聩和孔悝，果然战死。子羔与子路不同，卫国发生内乱时，他本在城里，但他没有去挑战蒯聩和孔悝，而是想办法逃回了鲁国。

子羔的逃离也并不是一帆风顺。他走到城门的时候，城门已经关闭。看见城门关闭，子羔心里凉了半截，但转机很快出现。守城的是一个刖足之人，这个人认识子羔。原来，此人曾经犯罪，子羔审案，判他受了刖足之刑。刖足之后，他就被发配来守城门。他对子羔说，城墙的某个地方还有个小门，你可以从那里逃出去。于是子羔逃出了城。

子羔感到奇怪，就问这个刖足之人说，你的脚是被我判刑砍掉的，现在正是你报仇的好时机，你为何不报仇，反而救我？

刖足之人说，刖足是因为我犯了罪，那是无可奈何的事。你判我刖足之刑，是你的本分。可是，当你判完刑后，我看见你面露不忍之色，伤心之情溢于言表，这就是今天我帮助你逃离的原因。子羔是孔门弟子，心怀仁义，判别人刖足之刑时动了恻隐之心。这份恻隐之心，当时完全是自然而然的真情流露。但对那个刖足之人而言，这是他在遭受人生重大苦难之际获得的一份难得的心灵慰藉。他没有对子羔心怀怨恨，反而充满感激。所以，他才愿意在子羔出逃之际出手相救。这说明，一念之善，有时不仅可以帮助别人，关键时刻甚至还能救自己的命。

四 "锦上添花"的冉有

冉有（亦称冉求）是孔子的得意弟子，"孔门十哲"之一，以擅长处理政事著称。鲁哀公十一年（公元前484年）春，齐国军队向今天的长清县集结，想要攻打鲁国。面对气势汹汹的齐国，鲁国的执政官季康子很害怕，对家臣冉有说，齐国军队已经到了长清，我们该怎么呀？

冉有胸有成竹，立刻建议季康子果断迎战。两军交战，冉有身先士卒，指挥步兵手执长矛，打败了齐国军队。

季康子平时只知道冉有是处理政事的高手，没想到他还会指挥作战，就问他说，你跟谁学的指挥作战呀？冉有回答说，跟我的老师孔子学的。然后趁机把孔子大大表扬了一番。季康子于是决定迎请孔子回鲁国。就这样，周游列国达十四年之久的孔子回到了自己的祖国。

可以说，孔子晚年能落叶归根，并在鲁国享受到较好的待遇，冉有起了很大的作用。可是，孔子对冉有一点也不领情，有时还批得非常狠。我们不禁要问：这是为什么呢？

冉有小孔子二十九岁，比颜回还大一岁。可是，在德行上他显然没法与颜回比。颜回对老师孔子的教诲绝对听从，"夫子步亦步，夫子趋亦趋，夫子驰亦驰"，一切都向老师看齐。因此很快就得到了老师的真传。孔子对颜回也不吝赞美："一箪食，一瓢饮，人也不堪其忧，回也不改其乐。贤哉，回也。"冉有在学习上就有点耍滑头，他对孔子说："非不说子之道，力不足也。"意思是说，我不是不喜欢老师您说的道理，只是我的能力不够呀。孔子对他的说法不以为然，说："力不足者，中道而废。今女画。"意思是说，能力不足的话，应该是走到一半再停下来，你现在根本就是不想前进。

孔子之所以不认可冉有"力不足"，就是因为他太了解冉有了。在孔子的学生中，冉有是最多才多艺的一个，孔子曾说："求也艺，于从政乎何有？"意思是说，冉有多才多艺，从政对他来说有什么困难呢？这样一个人，怎么会"力不足"呢？所谓的"力不足"，不过是他不敢大胆推行"仁政"的一个借口罢了。

在财富观上，冉有也与老师的态度不一致。公西华是孔子的弟子，他很有外交才华，被鲁国选中，出使齐国。冉有看着公西华风风光光地出使齐国了，觉得应该对公西华的家人有所表示，于是就问孔子说，公西华不在国内了，我们能不能给公西华的妈妈送点粮食，慰问一下？孔子说，可以，给她一釜米吧。釜是容积单位，一釜粮食等于六斗四升。冉有觉得太少了，请孔子再多加一点。孔子说，那就再加一庾吧。一庾相当于二斗四升。冉有仍然觉得少，就给公西华的妈妈送去了五秉米，在当时，一秉等于十六斛，五秉等于八十斛，一斛等于十斗，五秉就是八百斗。

孔子知道此事后批评冉有："赤之适齐也，乘肥马，衣轻裘。吾闻之也：君子周急不继富。"意思是说，公西华（即公西赤）出使齐国，乘坐的是肥壮之马拉的车子，穿的是轻便暖和的皮衣。我听人说过这样的话：君子帮助人，是为了使人摆脱急难，而不是让人富上加富。

孔子不是一个小气鬼，在花钱上很大方。比如，孔子的一个朋友死了，家里没钱安葬，孔子就仗义地站出来，说"于我殡"，我来出钱安葬。有朋友到鲁国来，怕没地方住，孔子就说："生于乎我馆，死于乎我殡。"意思是说，你尽管来。来到鲁国，我提供住处，即便你不幸去世了，我也会出钱好好安葬你。后面一句虽带有调侃，但孔子对穷哥们儿的那份真情溢于言表。

孔子有个发小（幼年时的伙伴）叫原壤。此人混得很不好，母亲去世，他都没钱给母亲的棺材刷漆。孔子对这个发小说，没关系，我出钱。

更有意思的是，在去山东郯城的路上，孔子遇到一个叫程子的人，两人谈话很投机。临分手时，孔子对弟子子路说，去把咱们的丝绸拿一捆来，送给这位先生。

朋友遇到事，缺钱，孔子乐于慷慨解囊；与路人谈得投机，孔子也乐

第二部分 孔子和他的弟子们

于赠送钱财以表心意。可见，孔子决不是小气。他批评冉有给公西华母亲送的粮食太多，是因为冉有违反了孔子"君子周急不继富"的做事原则。赚钱时坚守怎样的底线，花钱时就应该秉持什么样的原则，这两条加在一起，就构成了一个人的财富观。孔子赚钱的底线，大家都很熟悉，那就是"不义而富且贵，富贵于我如浮云"，坚决不赚不义之财；他花钱的原则则是"君子周急不继富"，愿意"雪中送炭"，而不喜欢"锦上添花"。

冉有与老师不同，他在鲁国正卿（相当于执政官）季康子手下做官，很多事他自己做不了主，总是说些违心的话，做些违心的事。做了季康子的家臣后，冉有一方面展现出了高超的政治才华，另一方面也受到了孔子的严厉批评。

季康子要去泰山祭祀，这是僭越之事。按照春秋礼法，只有天子才有资格祭祀泰山。季康子只是卿，级别远远不够。孔子希望冉有极力劝谏，结果冉有说自己做不到。季康子要讨伐颛顼，颛顼是鲁国内的一个藩属，是"社稷之臣"，本不该讨伐，但季康子非要讨伐，冉有亦不能阻止。孔子得知此事之后，又把冉有教训了一番，说你辅佐季氏却不能阻止他干坏事，你这家臣当得不合格呀。现在鲁国分崩离析，你没法治理好，还发动国内战争，这也太不靠谱了。

最让孔子生气的是，季康子家族本来已经很富了，可冉有还帮助季康子敛财，"季氏富于周公，而求也为之聚敛而附益之"。孔子对冉有的这种做法很生气，说："非吾徒也，小子鸣鼓而攻之可也。"意思是说，冉有他不是我的学生，徒弟们，你们可以大张旗鼓地去讨伐他。

说了这么多，有人可能不禁要问：我们该如何看待冉有这个人？又该如何理解孔子和冉有之间的师生关系呢？我的看法是：孔子和冉有是两种类型的人。身为老师的孔子是教育家和思想家，他念兹在兹的是推行仁义，实现仁政，而身为弟子的冉有则是一个以处理政事见长的官员。教育家和思想家最看重的是坚守理想，而处理政事的人则更喜欢变通，以与复杂的现实达成妥协。如果说孔子代表着高扬的理想，那么冉有则象征着忧喜参半的现实。"理想越丰满，现实越骨感"，我们从孔子和冉有的师生关系中，能够感受到理想与现实之间那种复杂的张力。

孔子和他的朋友圈

第三部分

一　孔子的恩人鲁昭公

偶然的小事可以成为大事件的导火索，此种情形看似荒诞，实则在历史上屡见不鲜，鲁昭公就是个典型的例子。

鲁昭公二十五年（公元前 517 年），鲁国的贵族之间发生了一场斗鸡纠纷，此事竟然引发了鲁国政变，鲁昭公也因介入其中而遭到驱逐。

鲁昭公之前，鲁国历史上就发生过"三桓"专权的事件。所谓"三桓"，就是指鲁国季孙氏、孟孙氏、叔孙氏这三个家族，因为他们都是鲁桓公的后代，所以称之为"三桓"。自鲁文公之后，"三桓"就在政治上互相支持，慢慢地，他们架空了鲁国国君，成了鲁国政权的实际掌控者。

在鲁国贵族的这次斗鸡事件中，首先是参与斗鸡的双方都违反了规则：季平子在他的鸡的翅膀上涂了芥末，而郈昭伯则为他的斗鸡装了铁爪。

斗鸡的结果是季平子失败了，但他不服气，斥责郈昭伯违规，而郈昭伯也不示弱，两人就此结怨。季平子当时是鲁国的正卿，他凭借权势搞"野蛮拆迁"，在郈氏的院子里强行扩建自己的宫殿。季平子平时做官也得罪了一些人，于是，这些"反季人士"就以此事为契机，撺掇鲁昭公惩罚季平子。鲁昭公也有意打压季平子的嚣张气焰，于是就决定出兵攻打季平子。

对于鲁昭公的这个决定，当时有一个叫子家懿伯的大臣认为不妥。他认为，鲁国的政权实际上已经掌握在"三桓"手中了，季氏就是"三桓"的代表。鲁昭公攻打季氏，没有必胜的把握。

然而，鲁昭公觉得再也不能忍了，还是决定带兵攻打季氏。季平子没有准备，遭到突然攻击之后，只好表面服软，愿意离职以接受调查。可是鲁昭公不答应，双方形成了僵持局面。

鲁昭公和季平子对峙之际，叔孙氏加入了支持季平子的行列，随后，持观望态度的孟孙氏也带兵来援救季平子，"三桓"联手攻击鲁昭公，鲁昭公大败，逃亡到了齐国。此后，鲁昭公再也没能回到鲁国。

这个被权臣驱逐的鲁昭公，从某种意义上来说还算是孔子的恩人。

孔子"年十五而有志于学"，学了两年，就很有成就了。鲁国贤大夫孟僖子去世，临终之前，嘱咐两个儿子孟懿子和南宫敬叔一定要做孔子的学生，好好"学礼"，这一年，孔子十七岁。又过了两年，年仅十九岁的孔子就得到了国君鲁昭公的礼遇。这一年，孔子喜得贵子，鲁昭公送去鲤鱼以示祝贺，孔子就此给儿子起名孔鲤，字伯鱼。

随后，鲁昭公又接受南宫敬叔的请求，资助孔子"适周问礼"。借着这次公费游学的机会，孔子拜访了在周朝担任"图书馆馆长"的老子，两位圣贤见面，彼此惺惺相惜。孔子自周返鲁后，弟子越来越多，名气也愈来愈大，因此，追根溯源，在孔子成长的道路上，鲁昭公算是一个助力者。

鲁昭公资助孔子"出国游学"，此举可谓功德无量，但鲁昭公本人却并不是一个恪守周礼的人。他娶吴国的公主为夫人，这一点明显违反周礼，因为鲁、吴均是姬姓之国，按照礼法规定，同姓不能结婚。春秋时期，国君夫人的称呼应该是国姓加本姓，鲁昭公娶于吴，这位夫人就应该称为"吴姬"。由于鲁国也姓姬，如果把这个称呼叫出来，那等于毫无遮拦地违反了"同姓不通婚"的周礼，所以就改称为"吴孟子"，企图掩饰一下。

《论语》中有这样一段话——

陈司败问："昭公知礼乎？"孔子曰："知礼。"孔子退，揖巫马期而进之，曰："吾闻君子不党，君子亦党乎？君取于吴，为同姓，谓之吴孟子。君而知礼，孰不知礼？"巫马期以告。子曰："丘也幸，苟有过，人必知之。"

这段话的大意是，陈国司寇问孔子说，鲁昭公知礼吗？孔子回答说，知礼。待孔子退出来之后，陈国司寇又给孔子的弟子巫马期作揖，请他进去，跟他说，我听说君子不袒护别人的过错，难道君子也会袒护别人的过错吗？鲁昭公娶了同姓的吴国公主做夫人，称之为吴孟子。如果说鲁昭公都算是知礼的人，那还有谁是不知礼的人呢？

巫马期回去就把陈国司寇的话告诉了孔子。孔子回答说，我孔丘真是三生有幸，只要我有过错，别人一定会知道。

从这段话中，我们很容易看出孔子"闻过则喜"的美德。圣人偶尔也会犯错，但是当别人指出错误时，圣人不会像普通人一样极力掩盖，而是心情愉悦地接受监督，改正错误。

作为当时最著名的"周礼"大师，孔子当然知道鲁昭公娶吴国公主"违礼"，但他仍然坚持说鲁昭公"知礼"，这又是为什么呢？

这里面有两个原因。第一，陈国司寇问鲁昭公是否知礼，孔子本身就是鲁国人，身为鲁国人，不宜在外国官员面前公然批评本国国君，因此才以"知礼"搪塞，这算是一种"为尊者讳"。第二，君子要知恩报恩，出于感恩心理，孔子"为恩者讳"，也不宜公然批评鲁昭公"无礼"。若上述两条成立，那么，陈国司寇的提问反倒让人感到有"无礼"之嫌。你想，一个陈国的高级官员问一位鲁国学者：你们国家的领导人到底是好人还是坏人？这个问题本身是不是有点没事找事的味道？孔子若据实回答"不知礼"，显然与其臣子的身份不符，若说"知礼"，则又是不说真话。这种情况下，以"无可奉告"四个字来回答似乎最妙，可惜，当时还没发明这个说法。或者，即便有了这个说法，孔子也会感觉这四个字硬邦邦的，不符合儒家温文尔雅的君子之风。

而巫马期告诉孔子陈司败所说的话时，孔子不提鲁昭公，也不为自己辩白，反而说人家能指出我的过错，这是我的幸运啊，相对于陈司败无礼的诘问，孔子光明磊落的风度跃然纸上。

二　孔子与鲁定公的故事

　　鲁定公是鲁昭公的庶弟，他的国君之位也是从鲁昭公那里继承来的。他当上国君之际，鲁国的政权已然被"三桓"把持了。鲁定公当然不甘心大权旁落，他在等待机会，设法改变"三桓"专权的局面。

　　机会还真就来了。鲁定公五年，鲁国最大的权臣季平子去世，他的儿子季桓子继承权位，当上了季氏家族的主人。可是，季氏的家臣阳货不服，囚禁了季桓子，并趁机发动叛乱，试图杀掉"三桓"家族的所有嫡子，改立与阳货关系好的庶子来掌控季氏家族。

第三部分 孔子和他的朋友圈

这一次,"三桓"联手,费了好大的劲才平定了阳货之乱。阳货之乱暴露了"三桓"专权的软肋——你们架空鲁国国君有一套,可对付一个叛乱的家臣却不怎么给力,这算什么国家柱石呀?于是,鲁定公就想借着阳货叛乱的由头,慢慢削弱"三桓"的权力。这个时候,鲁定公是很有眼光的,他寻找的合作对象就是孔子。

孔子和阳货是冤家对头——阳货经常跟孔子过不去,两人结下过"梁子"。

孔子从小就勤奋好学,不到二十岁就小有名气。有一次,鲁国权臣季平子设宴招待鲁国的学者名流,孔子亦在被邀请之列。可当孔子前往赴宴时,却被季平子的家臣阳货所阻拦,阳货说,孔子出身底层,没有贵族身份,他若参加这次宴会,那简直就是对其他贵族的侮辱。这对青年孔子来说是一种羞辱,但孔子还是忍了。他退出了这次宴会,也由此见识了阳货的飞扬跋扈——主人都决定邀请的人,竟然能被他这个家臣阻拦。

后来,孔子的学问和名气越来越大。阳货看到这种情况后,一改当年瞧不起孔子的做派,想方设法拉拢孔子。关于此事,《论语》这样记载:"阳货欲见孔子,孔子不见,归孔子豚。孔子时其亡也,而往拜之。遇诸涂。"这段话的意思是说,阳货要见孔子,可孔子不想见他。于是,阳货想了一个办法,他给孔子送去一头小猪。根据礼尚往来的原则,孔子在收到礼物以后,应该登门"还礼"。阳货想,你来"还礼"时我不就能见到你了吗?

孔子知道阳货的用意,就特意选择阳货不在家的时候去"还礼"。可是,在"还礼"回来的途中,孔子还是遇见了阳货,这可真叫不是冤家不聚头,想躲都躲不开。

两人见面之后,阳货对孔子说:"来!予与尔言。"过来,我有话要跟你说。

　　说什么呢？阳货说："怀其宝而迷其邦，可谓仁乎？"翻译成现在的话就是，一个人有抱负有才华却不出来做官，听任国家衰败，这算仁爱吗？

　　他自己回答说："不可。"

　　阳货又问："好从事而亟失时，可谓知乎？"意思是说，一个人有参与政事的愿望却屡次错过机会，这可以说是有智慧吗？

　　他又自己回答说："不可。"

　　阳货接着说："日月逝矣，岁不我与。"日子一天天过去了，岁月可是不等人呀。这等于暗示孔子，你快投靠我，出来做官吧。

　　孔子不喜欢阳货，不可能接受他的拉拢，可是阳货是季平子的家臣，是有实权的人，孔子也不想得罪他，就敷衍说："诺，吾将仕矣。"意思是说，好吧，我考虑去做官。

　　这一考虑就是好多年，直到鲁定公延请孔子出仕。

　　鲁定公为啥会选中孔子作为合作对象呢？其一，孔子曾遭阳货排挤、打压。后来，孔子名气大了，阳货在当政期间还想拉拢孔子，孔子不肯与阳货合作。现在，阳货的叛乱平定，孔子"政治正确"的先见之明立马凸显了出来。其二，孔子一直主张"正名"，即"君君，臣臣，父父，子子"，倡导一种责权明晰、名实相副的权力结构和人际关系。按照孔子这种主张，像阳货这样的家臣，不宜掌握太大的权力。

　　于是，年过半百的孔子开始了他一生中的为官生涯。他的仕途一开始非常顺利，先做中都宰一年，随后被提拔为司空，很快又由司空升为大司寇。升为大司寇之后，孔子在外交上做了一件极漂亮的事。

　　齐景公与鲁定公在夹谷举行会盟，此时的孔子已经受到鲁定公重用。孔子以"好礼"著称，此次齐、鲁两国国君的会盟仪式自然由孔子主持。

会盟前，齐国大夫犁弥对齐景公说，孔子懂得礼仪，但是没有勇气，如果派莱人用武力劫持鲁国国君，我们的愿望就一定能实现。齐景公听从了犁弥的话。

齐景公和鲁定公相见礼毕，齐国的官员向齐景公请示说："请奏四方之乐。"结果，莱人拿着兵器"鼓噪而至"，说是来献武，实际上是想劫持鲁定公。孔子对此招早有防备，遂带着鲁定公往后退，同时说，卫兵快杀了他们！两国国君友好会见，而华夏之外的夷人俘虏却用武力来捣乱，这不是齐国国君的命令。华夏以外的人不得图谋中原，夷人不得干扰会盟，不能以武力逼迫会盟。这样做是对神灵的大不敬，是对德行的伤害，是丧失礼仪之举，齐国国君一定不会这样做。

听了孔子义正词严的话，齐景公赶紧叫莱人退下。

过了一会儿，齐国官员又说："请奏宫中之乐。"结果，优倡侏儒"为戏而前"。孔子再次出面阻止，大义凛然地说："匹夫而荧惑诸侯者，罪当诛。请命有司。"意思是说，这些优倡侏儒竟敢在诸侯面前表演低俗节目，属于目无诸侯，"罪当诛"。结果，齐国的这批优倡侏儒就受到刑罚，"手足异处"了。

举行盟誓时，齐国在盟书上加上了这样的话：一旦齐国军队出境作战，鲁国如果不派三百辆兵车跟随齐国，就按此盟誓接受惩罚。

孔子派兹无拱手回答说，如果你们不归还我们汶水北岸的土地，却要让我们供给齐国所需，也要按盟约接受惩罚。

在夹谷之会上，由于孔子的出色表现，齐国没有占到鲁国的任何便宜。齐景公"惧而动，知义不若，归而大恐"。他先是被孔子的凛然正气所震慑，知道自己所行不义，等回国之后又"大恐"，并拿出孔子与他手下的大臣做比较，对群臣说："鲁以君子之道辅其君，而子独以夷狄之道教寡人，使得罪于鲁君，为之奈何？"意思是说，人家鲁国的孔子以君子之道辅佐国君，你们却让我用夷狄之道，结果使我在鲁国国君面前丢了脸，现在，怎么才能挽回点面子呢？有大臣告诉齐景公："君子有过则谢以质，小人有过则谢以文。君若悼之，则谢以实。"意思是说，给鲁国送一点实际礼物以示谢罪。齐景公接受了这个建议，归还了以前所侵占的鲁国汶阳一带的土地以示谢罪。

孔子在夹谷之会上的出色表现得到鲁国上上下下的认可。鲁定公十四年（公元前497年），孔子"由大司寇而摄相事"，跻身鲁国最高决策层。结果，孔子主政三个月，鲁国大治：商人不再造假售假，男女老少都好学知礼，甚至出现了路不拾遗的极佳治安局面。

孔子治理鲁国效果显著，此事传到齐国之后，齐景公非常后悔当初没有重用孔子。后悔之余，他也很害怕：若鲁国强大了，作为邻国的齐国岂不是有被吞并的危险？为了对付鲁国，齐国决定用美女、良马瓦解鲁国君臣的斗志，赠给鲁定公"女子好者八十""文马三十驷"。

鲁定公和鲁国的执政官季桓子在关键时刻没有经受住女色和金钱的诱惑。季桓子"受齐女乐，三日不听政"，举行祭祀之后又没按照规定送给高级官员祭肉。孔子没收到应得的祭肉，就知道季桓子和鲁定公压根不想再恢复周礼了，鲁国也无法再用礼乐精神来治理了。于是，孔子毅然辞职，离开鲁国，去了卫国，从此开始了他的又一段人生经历——周游列国。

孔子出身平民阶层，又生逢春秋末年的乱世，但他从不自暴自弃。他凭着孜孜不倦的好学精神，迅速成为著名学者，并闻名于诸侯。孔子怀抱理想，四处寻找合作对象。在还没有周游列国之前，他最先选中的诸侯就是齐景公，两个人也一度谈得很投机，可是在关键时刻，晏子打碎了孔子在齐国从政的希望。之后，鲁定公成了孔子选定的第二个合作对象，鲁定公给了孔子展示政治才华的机会，孔子也没有让鲁定公失望。可是，就在孔子的仕途一帆风顺之际，齐景公出于国家利益的考虑，又使出阴招，阻止孔子在鲁国进一步推行"仁政"的治国理念。当鲁定公和季桓子被齐景公送上的"糖衣炮弹"击中时，孔子原本顺利的仕途以及鲁国蒸蒸日上的国势也随之戛然而止。

屈原去国怀乡，内心痛苦得不得了，最后投江自杀了。失去了鲁定公的信任之后，孔子也是去国怀乡，内心肯定也痛苦，但孔子的内心非常强大，他非但没有自杀，反而在绝望之中走出了一条新的人生之路——周游列国。孔子周游列国，其"仁政"的主张虽然没有推销出去，但他在这个过程中宣传了自己的思想，亦算斩获良多。看来，只要内心足够强大，痛苦绝望之际，有时亦可成为转机闪现之时。

三　追悔莫及的鲁哀公

　　鲁哀公是春秋时期鲁国"十二公"中的最后一位，后人将其谥号定为"哀"，实在是恰如其分。"哀"这个谥号，既表达了同情，更饱含了批判，用鲁迅先生的话说就是"哀其不幸，怒其不争"，既为他的不幸感到同情，也为他的不争气感到愤怒。

　　春秋时期是一个"礼崩乐坏"的时期，"礼崩乐坏"的程度越到后来越严重。到了鲁哀公时，即便是礼乐传统最深厚的鲁国，也已经崩坏得不成样子了。孔子在这样一个时代奔走呼号，念念不忘恢复"周礼"，以弘

第三部分 孔子和他的朋友圈

扬礼乐制度，匡正社会风气。

鲁哀公自己还算好学，他非常尊重孔子，曾就修身的问题请教孔子。他说："寡人生于深宫之中，长于妇人之手，寡人未尝知哀也，未尝知忧也，未尝知劳也，未尝知惧也，未尝知危也。"意思是说，自己从小就生活在蜜罐中，不知哀，不知忧，不知劳，不知惧，不知危，该怎么学习当国君呢？

孔子对他说：您到祖庙祭拜，祖先生前所使用的器物还在，而他们的人已经不在了，这样就可以"思哀"了；您上朝听政，一件事情没处理好，祸乱就有了开端，如此就有了"思忧"；您上朝听政，大臣们总是在庭下听从您的调遣，您由此即可"思劳"；您若走出鲁国国门，到郊外看看，您会看到那些已经灭亡朝代的废墟，这就是"思惧"呀；国君是船，百姓是水，"水能载舟亦能覆舟"，这便是"思危"啊。孔子通过日常生活中的具体情境，告诉鲁哀公如何"思哀""思忧""思劳""思惧""思危"，今天读起来，还觉得可触可感、无比生动。可惜的是，鲁哀公并没有按照孔子说的去做。

鲁哀公还曾向孔子问政，孔子告诉他："政在选臣。"还说："举直错诸枉，则民服；举枉错诸直，则民不服。"意思是说，如果提拔正直的人做官，不用那些邪恶之人，老百姓就服从管理；如果提拔邪恶的人做官，不用正直之人，老百姓就不会服从管理。

可惜的是，鲁哀公这个国君当得不太靠谱。他带头违反礼法，非要将宠妾立为夫人，将宠妾所生的儿子立为太子。他的这一做法遭到众人的反对，但他仍一意孤行，结果，"国人始恶之"，人们开始讨厌他，他的威信大大降低。

再者，当时的鲁国国政已经把持在季孙氏、孟孙氏、叔孙氏三大家族手中，身为国君的鲁哀公是没有实权的。孔子本是主张遏制"三桓"、为国君"正名"的，可是，鲁哀公对孔子的建议并不听从。

鲁哀公十四年，齐国大夫田常杀害了齐简公，另立齐平公，自任执政官，这就是历史上有名的"田氏代齐"事件。弑君之后，田常害怕其他国家干预，就将此前齐国侵略鲁国、卫国的土地归还，以换取别国对自己弑君篡权行为的容忍。这时，孔子斋戒三日，"而请伐齐"。在孔子看来，"田常弑其君，民不与者半。以鲁之众，加齐之半，可克也"。在春秋时期，弑君篡权是典型的"乱臣贼子"之所为，而对"乱臣贼子"，"人人得而诛之"。齐国有一半人不愿意依附田常，此时若鲁国再去讨伐，是有可能取得这场战争的胜利的。在孔子看来，鲁国若能出头平息齐国的叛乱，不仅能在诸侯中重新确立威信，对内也能加强国君的权威，遏制"三桓"的势力。应该说，这是鲁国寻求重振的一次良好机会。可惜的是，鲁哀公没有听从孔子的建议，只说"告夫三子"，请孔子与"三桓"商议。这本身就是一个愚蠢的建议，"三桓"本就想效仿田常，废掉鲁国国君，彻底夺取鲁国政权，他们怎么肯发兵讨伐田常呢？

面对懦弱又无能的鲁哀公，孔子当然很生气。孔子"退而告人"曰："吾以从大夫之后也，故不敢不言。"意思是说，我以前曾经做过鲁国的官员，所以不敢不说。此时，孔子早已赋闲在家，已经没有为鲁国操劳的义务了，只因为他以前曾做过官员，出于责任感才特意出来建言的。对孔子来说，在历史的关键时刻出来建言，心意已经尽到，鲁哀公听或不听，悉听尊便。如果不听，那只能是鲁哀公和鲁国的损失。

公元前479年，孔子去世了。鲁哀公亲自发表了悼念孔子的文章，听起来感人至深：老天呀，你真是不够慈悲，就不肯为我和鲁国留下一位智慧老人，让他帮助我当好国君。现在，我一个人孤苦无依，忧愁万分。呜呼哀哉！失去了仲尼先生，我就没有效法、学习的对象了啊。然而，这样一番肺腑之言，却被孔子的弟子子贡大大地嘲讽了一番。子贡说，我老师活着的时候你不能用他，死了你却发表悼念文章来表达怀念，这本身就不靠谱，也不符合礼法。

子贡并不是无情，只是太了解鲁哀公了。哪里是老天不慈悲呀，老天明明将孔子安排在他身边，是他自己没有珍惜啊！

孔子去世之后，鲁国的政局继续恶化，鲁哀公的日子也更不好过了。鲁哀公二十五年，他在宴会上面斥季康子和孟武伯，将鲁国的政治矛盾公开化，君臣之间变得水火不容。到了鲁哀公二十七年，他嫌实际掌权的"三桓"家族太放纵，想借诸侯的势力清除"三桓"。"三桓"也觉得鲁哀公太狂妄了，君臣之间的矛盾一触即发。一次，鲁哀公出游，在孟孙氏门前的大街上遇到孟武伯，他试探性地说，我冒昧地问一句，我能得以善终吗？问了三次，孟武伯都不回答。鲁哀公感到形势不妙，就辗转流亡到越国，希望越国能帮助他清除"三桓"，实现复国，结果越国不肯帮助他。随后，他四处流亡度日，先后流亡到卫国、邹国，最后又到了越国，至死也没能再返回鲁国，落了个客死异乡的结局。鲁悼公即位后，鲁国公室的地位就更加不堪了。

"拥有的时候不知道珍惜，失去的时候才追悔莫及"，用这句话来概括鲁哀公的人生悲剧，其实也是很恰当的。

一切珍惜都要先从"正己"做起。肯在"正己"上下功夫，自己成了明白人，才会知道什么值得珍惜，并懂得用什么方式珍惜。如果不肯"正己"，自己一身毛病，珍惜也就无从谈起。即便这些人心里想"珍惜"，可在需要拿出行动的时候，他们往往也会由于各种原因而与大好机缘失之交臂。机会失去之后，他们也会后悔，可是，在有智慧的人（比如子贡）看来，若上天再给他们一次机会，他们多半依然如故，还是不懂得珍惜。这便是好多人一次次地与好人、好事、好机会擦肩而过的重要原因。不懂得珍惜，很多好机缘就会错过，若干次的错过，就会铸成一生的过错。枝繁叶茂的过错，结出的果实就叫"追悔莫及"。

第三部分 孔子和他的朋友圈

四 褒贬参半的卫灵公

小时候，我们总是很单纯，爱把世界上的人清晰地分为两类：好人和坏人。长大后，我们慢慢明白，看人看事不能用这种非黑即白、好坏分明的模式。因为在这个世界上，黑白之间，还有众多其他色彩，还有灰色地带；好与坏两极之外，也还有瑕瑜互见的存在。更多的情况是，好人的身上有缺点，坏人的身上也有优点。

我们今天要讲的卫灵公，就是一位褒贬参半的历史人物。

卫灵公是春秋后期卫国的国君，在位时间长达四十余年（公元前534年至公元前493年）。他统治期间，卫国很富庶，还在诸侯国中赢得了

"卫多君子"的美誉。

孔子晚年的时候，鲁哀公曾问孔子，现在的诸侯国国君中，谁最贤明？这样的问话当然是有所期待的，就像白雪公主的后妈问魔镜，谁是世界上最美丽的人？鲁哀公最希望得到的回答当然是：你是各诸侯国中最贤明的国君。

可惜的是，孔子不喜欢拍马屁，他实话实说：最贤明的我还没见过，相比之下应该是卫灵公吧？

鲁哀公很不服气，说，我听说卫灵公声名狼藉，夫人无德，你怎么说他是贤君呢？

孔子回答说，我说的是他的政事，不是他的家事。

鲁哀公又问，他的政事如何？

孔子给鲁哀公解释说，卫灵公手下的大臣中，弥子瑕很有才干，智信兼备，灵公"爱而任之"；林国和庆足，一个"见贤必进"，一个"有大事则起而治之，无事则退而容贤"，灵公对这两个人也是"贤而尊之""悦而敬之"；还有大夫史狗、史鱼、蘧伯玉等人，都是有名的君子。人才关乎国运，能用这些有才干的人物辅佐朝政，可见卫灵公并不昏聩。

另外，卫灵公还很勇猛。鲁定公九年（公元前502年），卫灵公带兵车五百乘欲过中牟，当时晋国有兵车千乘在中牟。两军对峙之际，卫灵公豪情万丈地说，我们卫国的兵车有晋国的一半，我本人可以抵他们的另一半，加起来正好和他们势均力敌！

看着卫国军队气势汹汹地冲上来，从卫国逃亡到晋国的褚师圃对晋军说，卫国的兵力虽少，但卫灵公在那儿，他们气势正盛，是不可战胜的，我们还不如去攻打齐国。于是，他们躲开了卫国军队，改而攻击齐军，结果缴获了齐国的战车五百乘。

第三部分 孔子和他的朋友圈

孔子与卫灵公的交往也很有意思。孔子周游列国,第一个去的国家就是卫灵公治理之下的卫国。卫灵公对孔子很好,立马给了孔子"奉粟六万",这与孔子在鲁国做大司寇时的待遇一样,是很高的薪水了。应该说,卫灵公对孔子是很尊重的。正因如此,孔子在卫国生活得不错,还收了不少高徒。此外,孔子还在卫国结交了不少志同道合的君子,比如蘧伯玉、史鰌等。难得君主如此尚贤,看起来,卫国似乎是孔子推行自己"仁政"主张的理想之地了。但是,孔子最终还是离开了卫国,这又是为什么呢?

《论语》记载:"卫灵公问陈于孔子。孔子对曰:'俎豆之事,则尝闻之矣;军旅之事,未之学也。'明日遂行。"这段话的意思是说,卫灵公向孔子请教如何排兵布阵的事。孔子回答说,关于礼仪方面的事情,我认真学习过;关于军队如何作战的事情,我没有学过。这次谈话的第二天,孔子就毅然离开了卫国。

孔子的军事知识其实也很渊博,冉有曾指挥鲁国军队打了一次胜仗,鲁国的执政官季康子就问他,你指挥作战的本领是跟谁学的?冉有回答说,是跟我的老师孔子学的。可见,孔子不跟卫灵公谈军事,是"非不能也,是不为也"——作为一个和平主义者,孔子希望的是国君接受自己的"仁政"主张,而不是指挥军队,发动战争。

卫灵公还做过一件让孔子不能忍受的事情。有一次,卫灵公出游,他与自己的夫人南子、宦官雍渠同乘一辆车在前头,却让孔子乘在第二辆车上,一行人招摇过市。孔子很生气地说:"吾未见好德如好色者也。"再加上卫灵公向孔子询问行军打仗的事而不问"仁政",孔子很失望,于是离开了卫国。

孔子离开卫国之后,到宋、郑、陈等国家周游了三四年,依然不得志,就又回到了卫国。卫灵公不计前嫌,"闻孔子来,喜,郊迎"。国君

"郊迎"在春秋时期是一种很隆重的礼节,可见,卫灵公从心底里还是很敬佩孔子的。可惜的是,卫灵公此时已老,"怠于政,不用孔子",就这样,孔子最终没能在卫国推行他的"仁政",卫灵公也先后两次错过了与孔子深度合作的历史机缘。

五　孔子与齐景公的故事

　　孔子论"为政",推广"仁政",像给弟子传授"仁"的概念一样,针对不同的提问者,会给出不同的答案。例如,我们都很熟悉的"君君,臣臣,父父,子子"这句话,就是针对齐景公而开的一剂对症之药。

　　当年,鲁昭公因介入季平子与郈昭伯的"斗鸡事件"而被驱逐,其时孔子恰好三十五岁。孔子说:"危邦莫入,危城不居。"鲁国发生了季孙氏、叔孙氏、孟孙氏三家联合驱逐国君的事件，孔子赶紧"适齐"，躲到了齐国。

三十五岁的孔子已然是闻名诸侯的大学者了。到了齐国之后，他与齐国的乐师讨论音乐，说："乐其可知也，始作，翕如也，继之，纯如也，皦如也，绎如也，以成。"随后，他还在齐国听到了《韶》①乐，美妙的《韶》乐让他"三月不知肉味"。对于孔子的种种表现，"齐人称之"，很是赞赏。

后来，齐景公向孔子问政，孔子回答说："君君，臣臣，父父，子子。"意思是说，国君要遵守君道，有个国君的样子，臣子要守臣子本分，有个臣子的样子，同理，当爹要有当爹的样儿，为人子女也要有为人子女的样儿，不可乱了规矩。

听了孔子的回答，齐景公非常高兴，说："善哉！信如君不君，臣不臣，父不父，子不子，虽有粟，吾岂得而食诸。"意思是说，您说得太好了。如果国君不像国君，臣子不像臣子，父亲不像父亲，子女不像子女，那就算是有粮食，我又怎能吃得下去呢？

孔子说这句话有着极强的针对性。齐景公当政之前，齐国就发生过崔杼弑齐庄公之事，其后，崔氏、庆氏曾先后控制齐国政权。即便在齐景公问政孔子之际，齐国国政也为国氏、高氏、田氏等几个大的家族所掌控，此种情形，也真可谓君不君，臣不臣。

齐景公第一次向孔子问政，收获很大，于是就又抽出时间，再次向孔子请教，"他日又复问政于孔子"。这次孔子的回答是："政在节财。"意即为政不可瞎折腾，乱花钱，大搞排场，大搞个人享乐。要知道，齐景公本人就是一个爱搞楼堂馆所、喜欢享乐的主。齐景公特别爱马，《论语》中

---

①史称舜乐，是中国古代一种传统宫廷音乐。

说：“齐景公有马千驷，死之日，民无德而称焉。”意思是说，齐景公活着的时候，养了四千匹骏马，可他死了之后，百姓觉得他没有什么德行值得称颂。齐景公爱养马的说法得到了考古发掘的证实。1964 年，考古学家在齐国临淄故城发掘出一座春秋时期的大型国君墓葬，到 1972 年确认为齐景公墓。墓中有大型殉马坑，坑中发掘清理出来的马匹尸骨就有六百多具，其数量之多，规模之大，前所未有。死后用于殉葬的马匹竟有如此之多，齐景公生前之豪奢，可见一斑。

可以说，孔子这一次的回答针对性更强，批评的锋芒直指齐景公本人。有良知的知识分子与"帮闲"文人的差别正在于此。"君子爱人以德，小人爱人以姑息"，君子"志在求道"，"文以载道"，以言说弘扬道义，即便面对有权有势者亦不改初衷，而小人则溜须拍马，通过给有权有势者溜须拍马来为自己捞取名利。

应该说，齐景公还是很有修养的。他并没有因为孔子暗讽自己而恼羞成怒，反而觉得孔子说到了点子上，还想重用孔子，"欲以尼谿之田封孔子"。若此事成为现实，春秋后期齐鲁两国的历史恐怕都会被改写。可惜的是，孔子在齐国的从政之路被晏子所阻断。

晏子也是春秋时期的贤者。他德行好，智慧也很高，有治国之才，可是他对孔子及其倡导的儒家思想并不认同。他对齐景公说："夫儒者滑稽而不可轨法，倨傲自顺，不可以为下；崇丧遂哀，破产厚葬，不可以为俗；游说乞贷，不可以为国。自大贤之息，周室既衰，礼乐缺有间。今孔子盛容饰，繁登降之礼，趋详之节，累世不能殚其学，当年不能究其礼。君欲用之以移齐俗，非所以先细民也。"晏子这段话的大意是，孔子研究的那些繁复礼仪，阐述的那些先贤治国之道，在今天这个乱世根本不适用。学那些复杂的礼仪，得花费多少时间呀？要让国家达到他所说的"大治"，那得等到什么时候呀？反正在您的任期内恐怕没戏。晏子是齐国国相，晏子这么一说，齐景公也信心不足了，史书载，"后景公敬见孔子，不问其礼"，他见了孔子还是非常尊敬，但是不再向他请教周礼的事情了。

鲁昭公二十六年（公元前516年），一天，齐景公在他宽敞、华美的宫殿召见大臣晏子。君臣对坐之际，齐景公突然叹了口气，感慨地说，我这个宫殿多么美丽呀，以后谁会有资格拥有它呢？晏子问，您说这话是什么意思呀？齐景公说，我想大概只有有德行的人才配拥有它吧。

齐景公这么一说，晏子就明白了。齐景公已经意识到齐国不久之后可能会易主，这座华美的宫殿亦将随之转入他人之手，遂发出了这样的感慨。

既然国君都这么说了，晏子也就不客气了。他说，如果按照您的说法，我觉得日后拥有这个宫殿的应该是田氏家族。田氏家族虽然没有大的德行，但是肯对百姓施舍。饥荒之年，他们借粮食给百姓，用大斗借出，等到百姓还粮食时，他们用小斗收入。您对百姓的赋税很重，田氏家族却对百姓施舍很多，民心已经转向田氏了。您的后代如果稍有懈怠，而田氏又不灭亡的话，那么整个齐国就会转归田氏。

齐景公也知道晏子说得很对，但他仍然改不了自己贪图享乐的毛病，也拿不出治理国家的有效举措。要把道理落实到行动中，需要克服自身的弱点。你要求别人守礼，自己先要守礼；你要给百姓恩惠，就不能横征暴敛，只顾自己享乐。可是，一个人放荡惯了，享乐惯了，若没有极大的决心和毅力，很难改过迁善，去过艰苦朴素、节制守礼的生活。

齐景公的悲剧就在于他的清醒仅止于感慨，而缺少切实行动的配合。结果，齐国的政局一天天坏了下去。

齐景公死后，其子姜荼即位。姜荼并非齐景公的正妻所生，他害怕其他兄弟跟自己争权，就把异母兄弟全都赶出了齐国。公元前489年，田氏家族的代表人物田乞借此事发难，废掉姜荼，立公子阳生为国君，是为齐悼公。

齐悼公死后，齐简公继位，田乞之子田常与贵族监止一同辅佐简公。田常与监止不和，遂于公元前481年发动政变，杀掉监止，接着又杀掉齐简公，立简公的弟弟姜骜为国君，是为齐平公。自此以后，"齐国之政皆归于田常"。公元前379年，田常曾孙田和废掉齐康公，自立为侯。至此，齐国国君的姓氏也相应地由姜姓改为了田姓，而齐景公当年的担忧最终变成了现实。

附录

《论语》名句选读

论语·学而篇第一

正文：子曰："道⁽¹⁾千乘之国⁽²⁾，敬事⁽³⁾而信，节用而爱人，使民以时。"

注释：（1）道：治理。（2）千乘之国：乘，shèng，古代用四匹马拉的兵车。（3）敬事：指严肃的治事态度。

译文：孔子说："治理拥有一千辆兵车的国家，态度要严肃认真，要讲求诚信，节约费用，爱护人民，使用民力要在农闲时间。"

正文：子禽⁽¹⁾问于子贡⁽²⁾曰："夫子⁽³⁾至于是邦也，必闻其政。求之与？抑与之与？"子贡曰："夫子温、良、恭、俭、让以得之。夫子之求之也，其诸⁽⁴⁾异乎人之求之与？"

注释：（1）子禽：陈亢，字子禽。（2）子贡：孔子学生，姓端木，名赐，字子贡。（3）夫子：古代的一种敬称，凡是做过大夫的人，都可以这样称呼，这里指孔子。（4）其诸：或者，表示推测。

译文：子禽问子贡说："我们的老师每到一个国家，必然知晓那个国家的政事。这是求来的呢，还是别人主动告诉他的呢？"子贡回答说："老师是靠温和、善良、恭敬、节俭、谦逊的德行得知一个国家的政事。他老人家获得的方法，和别人获得的方法，也许不相同吧？"

正文：子曰："巧言令色⁽¹⁾，鲜矣仁！"

注释：（1）巧：好的。令：善的。

译文：孔子说："满口说着好听的话，满脸装着和善的神色，这样的人仁德就很少了。"

论语·为政篇第二

正文：子曰："为政以德，譬如北辰⁽¹⁾居其所而众星共⁽²⁾之。"

注释：（1）北辰：北极星。（2）共：通"拱"，环抱、环绕。

译文：孔子说："用道德来治理国政，自己便会像北极星一样安居其位，别的星辰都环绕着它。"

正文：或谓孔子曰："子奚不为政？"子曰："《书》⁽¹⁾云：'孝乎惟孝，友于兄弟，施⁽²⁾于有政⁽³⁾。'是亦为政，奚其为为政？"

注释：（1）《书》：指《尚书》。（2）施：延及，影响。（3）有政：有，语气助词，无意义。加于名词之前，是古代的一种构词法。

译文：有人对孔子说："你为什么不参与政治？"孔子说："《尚书》上说，'孝呀，只有孝顺父母，友爱兄弟，并施行于政治。'这就是参与了政治，为什么一定要做官才算参与政治呢？"

正文：子曰："道⁽¹⁾之以政，齐之以刑，民免⁽²⁾而无耻。道之以德，齐之以礼，有耻且格⁽³⁾。"

注释：（1）道：引导。（2）免：免罪。（3）格：正。

译文：孔子说："用政令来引导他们，用刑罚来治理他们，民众只是暂时地免于犯罪，却没有廉耻之心。用道德来引导他们，用礼教来治理他们，民众不但有廉耻之心，而且人心归正。"

正文：子曰："吾与回言终日，不违，如愚。退而省其私，亦足以发，回也不愚。"

译文：孔子说："我整天给颜回讲学，他从不提出反对意见和疑问，像个蠢人。但事后反思其言谈举止，却发现他能发挥所学，可见颜回并不愚蠢。"

正文：子曰："由！诲女知之乎！知之为知之，不知为不知，是知也。"

译文：孔子说："由！我教给你对待知或不知的正确态度吧！知道就是知道，不知道就是不知道，这才是聪明。"

正文：哀公问曰："何为则民服？"孔子对曰[1]："举[2]直[3]错诸枉[4]，则民服；举枉错诸直，则民不服。"

注释：（1）孔子对曰：臣下回答君主的询问用"对曰"，表示对君主的尊重。这里孔子在答复鲁君之问，所以用"孔子对曰"。（2）举：提拔。（3）直：正直，代指正直的人。（4）错诸枉：错，通"措"，放置。枉，邪曲。

译文：鲁哀公问："怎样做才能使百姓服从呢？"孔子回答说："提拔正直的人，将其放在邪曲的人之上，百姓就服从了；提拔邪曲的人，将其放在正直的人之上，百姓就会不服从。"

附录 《论语》名句选读

论语·八佾篇第三

正文： 子曰："周监于二代⁽¹⁾，郁郁乎文哉！吾从周。"

注释：（1）二代：指夏朝和商朝。

译文： 孔子说："周朝的礼乐制度是以夏、商两代为根据制定的，是多么的丰富多彩啊，我主张遵从周朝的制度。"

正文： 祭如在，祭神如神在。子曰："吾不与⁽¹⁾祭，如不祭。"

注释：（1）与：yù，参与。

译文： 孔子祭祀祖先的时候，就好像祖先真在那里；祭神的时候，就好像神真在那里。孔子说："我若是不能亲自参加祭祀，觉得就像没有祭祀过一样。"

正文： 子入大庙⁽¹⁾，每事问。或曰："孰谓鄹人之子⁽²⁾知礼乎？入大庙，每事问。"子闻之，曰："是礼也。"

注释：（1）大庙：开国之君的庙。周公旦是鲁国最初受封之君，因此这里指周公庙。大，通"太"。（2）鄹人之子：鄹，zōu。鄹人指孔子父亲叔梁纥。叔梁纥曾经做过鄹大夫，古代经常把某地的大夫称为某人，这里即把鄹大夫叔梁纥称为"鄹人"。

译文： 孔子到了周公庙，每件事情都发问。有人便说："谁说叔梁纥的这个儿子懂得礼呢？他到了太庙，每件事都要向别人请教。"孔子听到了这话，便说："这正是礼呀。"

正文： 子贡欲去⁽¹⁾告朔之饩羊⁽²⁾。子曰："赐也！尔爱⁽³⁾其羊，我爱其礼。"

注释：（1）去：取消，丢弃。（2）告朔饩羊：告，gù。朔，农历每月初一。饩，xì。饩羊，用作祭品的羊。"告朔饩羊"，古代的一种制度。每年秋冬之交，周天子把第二年的历书颁给诸侯。这历书包括那一年有无闰月，每月初一是哪一天，叫"颁告朔"。诸侯接受了这一历书，藏于祖庙。每逢初一，便杀一只活羊祭于庙，然后回到朝廷听政。这种祭庙叫作"告朔"，听政叫作"视朔"或者"听朔"。到子贡的时候，每月初一，鲁君不但不亲临祖庙，也不听政，只是杀一只活羊虚应罢了。所以子贡认为不必保留此形式，不如干脆连羊也不杀。孔子却认为，尽管这是残存的形式，也比什么都不留好。（3）爱：爱惜，可惜。

译文： 子贡要把鲁国每月初一告祭祖庙的那只活羊舍弃不用。孔子说："赐呀，你爱惜那只羊，我爱惜那种礼。"

正文： 子语⁽¹⁾鲁大师⁽²⁾乐，曰："乐其可知也：始作，翕如⁽³⁾也；从⁽⁴⁾之，纯如⁽⁵⁾也，皦如⁽⁶⁾也，绎如⁽⁷⁾也，以成。"

注释：（1）语：yù，告诉。（2）大师：乐官之长。大，tài，通"太"。（3）翕如：热烈的样子。（4）从：zòng，展开。（5）纯如：和谐的样子。（6）皦如：皦，jiǎo，分明的样子。（7）绎如，连绵的样子。

译文： 孔子把演奏音乐的道理告诉鲁国的太师，说："音乐，是可以知晓的：演奏开始，乐声热烈。随着演奏继续，乐声和谐，清晰明亮，连绵不绝，乐曲就这样完成了。"

正文： 子谓《韶》⁽¹⁾，"尽美矣，又尽善⁽²⁾也"。谓《武》⁽³⁾，"尽美

矣，未尽善也"。

注释：（1）《韶》：舜时的乐曲名。（2）美、善：美指声音，善指内容。（3）《武》：周武王时的乐曲名。

译文：孔子论《韶》乐，说："音乐美极了，表现的内容好极了。"说到《武》乐，说："音乐美极了，内容却不够好。"

正文：子曰："居上不宽，为礼不敬，临丧不哀，吾何以观之哉？"

译文：孔子说："居于上位不宽宏大量，行礼的时候不严肃恭敬，参加丧礼的时候不悲戚哀伤，这种样子我怎么看得下去呢？"

正文：子曰："人而不仁，如礼何？人而不仁，如乐何？"

译文：孔子说："做人却不仁，怎样去遵循礼仪制度呢？做人却不仁，怎么会懂音乐呢？"

正文：定公问："君使臣，臣事君，如之何？"孔子对曰："君使臣以礼，臣事君以忠。"

译文：鲁定公问："君主使用臣子，臣子服侍君主，各自应该怎样做？"孔子回答说："君主应该依礼使用臣子，臣子应该忠心服侍君主。"

论语·里仁篇第四

正文：子曰："能以礼让为国乎？何有[1]？不能以礼让为国，如礼何[2]？"

注释：（1）何有：有何困难的意思。（2）如礼何：依孔子的看法，国家的礼仪必须有其"以礼让为国"的本质，它是内容和形式的统一。如果舍弃它的内容，只是拘守那些仪节上的形式，是没有什么用的。

译文：孔子说："能够用礼让来治理国家吗？这有什么困难呢？如果不能用礼让来治理国家，又怎样来对待礼仪呢？"

正文：子曰："里[1]仁为美。择不处仁，焉得知[2]？"
注释：（1）里：居住。（2）知：通"智"。
译文：孔子说："住的地方，要有仁德之人才好。选择没有仁德之人的地方居住，怎么能算有智慧呢？"

正文：子曰："不仁者不可以久处约，不可以长处乐。仁者安仁，知者利仁。"
译文：孔子说："不仁的人不可以长久地居于穷困中，也不可以长久地居于安乐中。有仁德的人安于仁（施行仁德便心安，不施行仁德心便不安），有智慧的人利用仁（认识到仁德对自己有利，而施行仁德）。"

正文：子曰："唯仁者能好[1]人，能恶[2]人。"
注释：（1）好：喜爱。（2）恶：厌恶。
译文：孔子说："只有仁者才能够真正喜爱某人，真正厌恶某人。"

正文：子曰："苟志于仁矣，无恶也。"
译文：孔子说："假如立定志向施行仁德，就没有恶行了。"

正文：子曰："富与贵，是[1]人之所欲也；不以其道得之，不处也。

贫与贱，是人之所恶也；不以其道得之，不去也。君子去仁，恶[2]乎成名？君子无终食之间违[3]仁，造次必于是，颠沛必于是。"

注释：（1）是：代词，这，这个。（2）恶：wū，如何，怎么。（3）违：违背。

译文：孔子说："财富与官位，这是人人所向往的，但若不是用正当的方法获得，君子就不会去享有它。穷困和下贱，这是人人所厌恶的，但若不是用正当的方法消除，君子也不会去摆脱它。君子若是抛弃了仁德，又怎能成就他的声名呢？君子即便是在吃一顿饭的时间里也不会违背仁德，虽然仓促匆忙也一定施行仁德，虽然颠沛流离也一定施行仁德。"

论语·公冶长篇第五

正文：颜渊、季路侍。子曰："盍各言尔志？"子路曰："愿车马衣轻裘与朋友共，敝之而无憾。"颜渊曰："愿无伐善，无施劳。"子路曰："愿闻子之志。"子曰："老者安之，朋友信之，少者怀之。"

译文：颜渊、季路两人站立在孔子身边。孔子说："何不各自说说自己的志向？"子路说："我愿意把我的车马衣服和朋友共同使用，用坏了也没有什么不满。"颜渊说："我愿意不夸耀自己的长处，不表白自己的功劳。"子路对孔子说："我们也想听听您的志向。"孔子说："使老年人安逸，使朋友信任我，使年轻人怀念我。"

正文：子谓子贡曰："女与[1]回也孰愈？"对曰："赐也何敢望回？回也闻一以知十，赐也闻一以知二。"子曰："弗如也，吾与女弗如也。"

注释：（1）与：连词，和。

译文：孔子问子贡："你和颜回，哪一个更强些？"子贡回答说："我怎敢和颜回相比？他听到一件事，可以推演出十件事；我听到一件事，只能推知两件事。"孔子说："是赶不上他啊，我和你都赶不上他啊。"

正文：子贡问曰："赐也何如？"子曰："女，器也。"曰："何器也？"曰："瑚琏[1]也。"

注释：(1) 瑚琏：古代祭祀时盛粮食的器皿。

译文：子贡问："我是一个怎样的人？"孔子说："你好比一个器皿。"子贡又问："是什么器皿？"孔子说："宗庙里盛黍稷的瑚琏。"

正文：子贡曰："我不欲人之加[1]诸我也，吾亦欲无加诸人。"子曰："赐也，非尔所及也。"

注释：(1) 加：欺侮，凌辱。

译文：子贡说："我不想别人欺侮我，我也不想欺侮别人。"孔子说："赐啊，这不是你能做到的。"

正文：子贡曰："夫子之文章[1]，可得而闻也。夫子之言性与天道，不可得而闻也。"

注释：(1) 文章：指有关古代文献的学问。

译文：子贡说："老师关于文献方面的学问，我们能够听到；老师关于人性和天道的见解，我们就听不到了。"

正文：子路有闻，未之能行，惟恐有[1]闻。

注释：(1) 有：通"又"。

译文：子路听到一种道理，如果还没有照着去做，便害怕又听到新的道理。

正文：子曰："道不行，乘桴(1) 浮于海。从(2) 我者，其由与？"子路闻之喜。子曰："由也好勇过我，无所取材(3)。"

注释：（1）桴：fú，竹木制成的小筏子。（2）从：跟随。（3）材：通"哉"，语气词。

译文：孔子说："我的主张行不通，就乘坐小筏子到海外去。能够跟随我的，恐怕只有仲由吧？"子路听到这话，很高兴。孔子说："仲由好勇的精神大大超过了我，但这是不可取的呀。"

论语·雍也篇第六

正文：子曰："知者乐水，仁者乐山。知者动，仁者静。知者乐，仁者寿。"

译文：孔子说："智者喜好水，仁者喜好山。智者好动，仁者沉静。智者快乐，仁者长寿。"

正文：宰我问曰："仁者，虽告之曰'井有仁(1) 焉'，其从之也？"子曰："何为其然也？君子可逝(2) 也，不可陷也；可欺(3) 也，不可罔(4) 也。"

注释：（1）仁：形容词做名词用，指仁者。（2）逝：往，到。（3）欺：欺骗。（4）罔：迷惑。

译文：宰我问："一个有仁德的人，如果告诉他井里掉下去一位仁者，他是不是会跟着跳下去呢？"孔子说："为什么要这样做呢？君子可以去井边设法救人，却不可让自己也陷入井中；可以被骗前往，却不可受迷惑而跳入井中。"

正文：哀公问："弟子孰为好学？"孔子对曰："有颜回者好学，不迁怒，不贰过，不幸短命死矣。今也则亡，未闻好学者也。"

译文：鲁哀公问："你的学生中，哪个好学？"孔子回答说："有一个叫颜回的人好学，他不拿别人出气，不会犯同样的过失。他不幸短命死了。现在没有这样的人了，我再也没有听说过好学的人了。"

正文：子曰："回也，其心三月不违仁，其余则日月至焉而已矣。"

译文：孔子说："颜回呀，他的心长久地不背离仁德，别的学生只能在短时间内做到仁德罢了。"

正文：子曰："贤哉，回也！一箪[1]食，一瓢饮，在陋巷，人不堪其忧，回也不改其乐。贤哉，回也！"

注释：(1) 箪：dān，古代盛饭的竹器，圆形。

译文：孔子说："颜回多么有修养呀，一箪饭，一瓢水，住在简陋的小巷子里，别人都受不了那种穷困的忧苦，颜回却不改变他自有的快乐。颜回多么有修养呀！"

正文：冉求曰："非不说子之道，力不足也。"子曰："力不足者，中道而废。今女画[1]。"

注释：(1) 画：停止。

译文：冉求说："不是我不喜欢您的学说，而是我的力量不够。"孔子

说：“如果真是力量不够，那会走到半路才停下来，可你现在还没用力就停止了。”

正文：子华[1]使[2]于齐，冉子为其母请粟[3]。子曰："与之釜[4]。"请益。曰："与之庾[5]。"冉子与之粟五秉[6]。子曰："赤之适齐也，乘肥马[7]，衣[8]轻裘。吾闻之也：君子周[9]急不继富。"

注释：（1）子华：孔子学生，姓公西，名赤，字子华。（2）使：出使。（3）粟：小米。（4）釜：古代量名，容量为六斗四升。（5）庾：古代量名，容量为二斗四升。（6）秉：古代量名，一秉为十六斛，一斛为十斗。（7）乘肥马：乘肥马拉的车。（8）衣：名词作动词用，穿。（9）周：救济。

译文：公西赤被派到齐国去做使者，冉有替他母亲向孔子请求给一些小米。孔子说："给她六斗四升。"冉有请求增加一点。孔子说："再给她二斗四升。"冉有却给了她八百斗小米。孔子说："公西赤到齐国去，坐着由肥马驾的车辆，穿着又轻又暖的皮袍。我听说，君子只会周济身处急困之人，而不会去给富人增加财富。"

论语·述而篇第七

正文：子曰："默而识[1]之，学而不厌，诲人不倦，何有于我哉？"

注释：（1）识：zhì，记住。

译文：孔子说："把所见所闻都默默地记在心里，努力学习而不厌弃，教导别人而不疲倦，这些事对我来说还比较容易吧。"

正文：子曰："德之不修，学之不讲，闻义不能徙，不善不能改，是吾忧也。"

译文：孔子说："品德不加以培养，求学问却不讲习，听到义不能相从，有缺点不能改正，这些都是我所忧虑的啊。"

正文：子曰："饭疏食⁽¹⁾ 饮水⁽²⁾，曲肱⁽³⁾ 而枕之，乐亦在其中矣。不义而富且贵，于我如浮云。"

注释：（1）疏食：粗粮，糙米。（2）水：古代常以"汤"和"水"对言，"汤"的意思是热水，"水"就是凉水。（3）肱：gōng，胳膊。

译文：孔子说："吃粗粮，喝冷水，弯着胳膊做枕头，也感到很快乐。干不正当的事而得来的富贵，在我看来好像浮云一样。"

正文：子之燕居，申申⁽¹⁾ 如也，夭夭⁽²⁾ 如也。

注释：（1）申申：舒展的样子。（2）夭夭：和悦的样子。

译文：孔子在家闲居，一副很舒展、很和悦的样子。

正文：叶公⁽¹⁾ 问孔子于子路，子路不对。子曰："女奚不曰：'其为人也，发愤忘食，乐以忘忧，不知老之将至云尔⁽²⁾。'"

注释：（1）叶：shè，叶公，姓沈，名诸梁，字子高，为叶县尹。（2）云尔：云，如此。尔，通"耳"，而已，罢了。

译文：叶公向子路问孔子为人怎么样，子路不知怎样回答。孔子对子路说："你为什么不这样说：'他的为人，用功便忘记吃饭，快乐便忘记忧愁，不晓得衰老将要到来，如此而已。'"

正文：子在齐闻《韶》，三月不知肉味，曰："不图为乐之至于斯也。"

译文：孔子在齐国听到《韶》乐，很长时间尝不出肉的滋味，他说："想不到音乐之美竟到了这种境界。"

正文：子与人歌而善，必使反之，而后和之。

译文：孔子同别人一道唱歌，如果唱得好，一定请他再唱一遍，然后自己再和一遍。

正文：子钓而不纲[1]，弋[2]不射宿[3]。

注释：（1）纲：网上的大绳，这里的纲是动词，指用纲。（2）弋：yì，用带丝绳的箭来射。（3）宿：歇宿，这里动词当名词用，指歇宿了的鸟。

译文：孔子钓鱼，不用大绳系住网钩截流取鱼。孔子射鸟，不射归巢栖息的鸟。

正文：子曰："仁远乎哉？我欲仁，斯仁至矣。"

译文：孔子说："仁德离我们很远吗？我想要行仁，它就来了。"

正文：子谓颜渊曰："用之则行，舍之则藏，惟我与尔有是夫！"

译文：孔子对颜渊说："用我呢，我就做事；不用我呢，我就藏身。只有我和你才能够这样吧！"

正文：陈司败[1]问："昭公知礼乎？"孔子曰："知礼。"孔子退，揖巫马期[2]而进之，曰："吾闻君子不党[3]，君子亦党乎？君取于吴[4]，为同姓(5)，谓之吴孟子(6)。君而知礼，孰不知礼？"巫马期以告。子曰："丘也幸，苟(7)有过，人必知之。"

注释：（1）陈司败：陈，国名。司败，官名，即司寇。（2）巫马期：孔子学生，姓巫马，名施，字子期。（3）党：结党，指偏袒、偏私。（4）君取于吴：取，通"娶"。吴，当时的国名，在今淮水、泗水以南以及浙江的嘉兴、湖州一带。（5）为同姓：鲁为周公之后，姬姓。吴为太伯之后，也是姬姓。（6）吴孟子：春秋时期，国君夫人的称号一般为其母国的国名加上她的本姓。鲁君娶于吴，这位夫人便应该称为吴姬，但"同姓不婚"是周朝的礼制，鲁君夫人的称号若是把"姬"字凸显出来，很明显，表明鲁君违背了"同姓不婚"的礼制，因此改称为"吴孟子"。（7）苟：如果。

译文：陈司败问孔子："鲁昭公懂不懂礼？"孔子说："懂礼。"孔子出去后，陈司败便向巫马期作了个揖，请他走近自己，然后说："我听说君子无所偏袒，难道君子也会偏袒吗？鲁君从吴国娶了位夫人，吴和鲁是同姓国家，（为了掩饰）于是叫她吴孟子。鲁君若是懂得礼，还有谁不懂得礼呢？"巫马期把这些话转告给孔子。孔子说："我真幸运，假若有错误，人家一定会知道。"

论语·泰伯篇第八

正文：子曰："笃信(1)好学，守死善道。危邦不入，乱邦不居(2)。天下有道则见(3)，无道则隐。邦有道，贫且贱焉，耻也；邦无道，富且贵焉，耻也。"

注释：（1）笃信：坚定地相信。（2）危邦、乱邦：有危险、祸乱的国

家。(3) 见：通"现"，出现。

译文：孔子说："坚定地相信大道，努力学习它，誓死保全它。不进入有危险的国家，不居住在发生祸乱的国家。天下政治清明，就出来做事；天下政治昏暗，就隐居起来。国家政治清明，自己贫贱，是耻辱；国家政治黑暗，自己富贵，也是耻辱。"

正文：子曰："不在其位，不谋其政。"

译文：孔子说："不居于那个职位，便不考虑那方面的政事。"

正文：子曰："恭而无礼则劳，慎而无礼则葸[1]，勇而无礼则乱，直而无礼则绞[2]。君子笃于亲，则民兴于仁；故旧不遗，则民不偷[3]。"

注释：(1) 葸：xǐ，胆怯，害怕。(2) 绞：急切，偏激。(3) 偷：淡薄，冷漠。

译文：孔子说："只讲恭敬却不知礼，就难免劳倦；只知谨慎却不知礼，就流于懦弱；只讲勇敢却不知礼，就会闯祸作乱；心直口快却不知礼，就会偏激刺人。在上位的人对待亲族感情深厚，老百姓就会走向仁德；在上位的人不遗弃他的故交旧友，老百姓就不会冷漠无情。"

正文：子曰："师挚之始[1]，《关雎》之乱[2]，洋洋乎盈耳哉！"

注释：(1) 师挚之始："始"是乐曲的开端，古代叫作"升歌"，一般由太师演奏。师挚是鲁国的太师，名挚，由他演奏，所以说"师挚之始"。(2)《关雎》之乱："乱"是乐曲的结束。在演奏末尾，奏《关雎》的乐章，所以说"《关雎》之乱"。

译文：孔子说："从师挚演奏乐曲开始，到乐曲末章演奏《关雎》，我满耳朵都是美妙的音乐呀!"

论语·子罕篇第九

正文：太宰[1]问于子贡曰："夫子圣者与？何其多能也？"子贡曰："固[2]天纵之将圣，又多能也。"子闻之，曰："太宰知我乎！吾少也贱，故多能鄙事。君子多乎哉？不多也。"

注释：(1) 太宰：春秋时期的官名。(2) 固：固然，本来。

译文：太宰问子贡说："孔老先生是位圣人吗？为什么这样多才多艺呢？"子贡说："这是上天让他成为圣人，又使他多才多艺。"孔子听到后，便说："太宰知道我呀！我小时候穷苦，所以学会了不少鄙贱的技艺。真正的君子会有这样多的技艺吗？不会的。"

正文：子贡曰："有美玉于斯，韫椟而藏诸？求善贾[1]而沽诸？"子曰："沽之哉！沽之哉！我待贾者也。"

注释：(1) 贾：gǔ，商人。善贾，识货的人。

译文：子贡说："如果这里有一块美玉，是把它放在匣子里藏起来呢，还是找一个识货的商人卖掉呢？"孔子说："卖掉它啊，卖掉它啊，我在等待识货的人呢。"

正文：子曰："岁寒，然后知松柏之后雕[1]也。"

注释：(1) 雕：通"凋"，凋零、零落。

译文：孔子说："到严寒的时候，才晓得松柏是最后凋零的。"

正文：子曰："知者不惑，仁者不忧，勇者不惧。"

译文：孔子说："聪明的人不迷惑，仁德的人不忧愁，勇敢的人不畏惧。"

正文：子在川⁽¹⁾上，曰："逝⁽²⁾者如斯夫！不舍⁽³⁾昼夜。"

注释：(1) 川：大河。(2) 逝：往。(3) 舍：停留，休息。

译文：孔子在河边感慨："时光流逝像河水一样呀！日夜不停。"

正文：子曰："麻冕，礼也。今也纯，俭，吾从众。拜下，礼也。今拜乎上，泰也。虽违众，吾从下。"

译文：孔子说："礼帽用麻料来织，这合乎礼的规定。今天大家都用丝料，这样俭省些，我同意大家的做法。臣见君，在堂下跪拜，这合乎礼的传统。现在大家都要到堂上才跪拜，这是倨傲的表现。虽然违背大家的做法，我仍然坚持要在堂下跪拜。"

正文：子疾病，子路使门人为臣。病间，曰："久矣哉，由之行诈也！无臣而为有臣。吾谁欺？欺天乎！且予与其死于臣之手也，无宁死于二三子之手乎！且予纵不得大葬，予死于道路乎？"

译文：孔子病得很厉害，子路便命孔子的学生以家臣的身份预备后事。后来，孔子的病渐渐好了，就说："仲由干这种欺假的勾当很久了吧！我本不该有家臣，却要装作有家臣，我是在欺骗谁呢？欺骗上天吗？我与其死在家臣的手里，不如死在你们这些学生的手里。即使不能给我热热闹闹地办葬礼，我会死在路上没有人葬吗？"

正文：子曰："吾自卫反⁽¹⁾鲁，然后乐正，《雅》、《颂》⁽²⁾各得其所。"

注释：（1）反：通"返"。（2）《雅》、《颂》：《雅》和《颂》既是《诗经》内容分类的类名，也是乐曲分类的类名。

译文：孔子说："我从卫国回到鲁国，把音乐（的篇章）整理出来，使《雅》归于《雅》、《颂》归于《颂》，各有适当的安置。"

正文：子曰："语之而不惰者，其回也与！"

译文：孔子说："听我说话而始终不懈怠的，大概只有颜回一个人吧！"

正文：子谓颜渊，曰："惜乎！吾见其进也，未见其止也。"

译文：孔子谈到颜渊，说："可惜他死了呀！我只看见他不断地进步，从没看见他停下来。"

正文：颜渊喟然叹曰："仰之弥高，钻之弥坚。瞻之在前，忽焉在后。夫子循循然善诱人，博我以文，约我以礼，欲罢不能。既竭吾才，如有所立卓尔，虽欲从之，末由也已。"

译文：颜渊感叹说："老师之道，越抬头看，越觉得高；越用力钻研，越觉得深。看上去似乎在前面，忽然又到后面去了。老师善于有步骤地引导我们，用文章丰富我的知识，用礼节约束我的行为，使我想停止学习都不可能。我已经用尽全力，但他却（像山一样）在我面前高高地耸立着。我虽想再向前迈进一步，却不知怎样去做。"

正文：子曰："衣⁽¹⁾ 敝缊⁽²⁾ 袍，与衣狐貉者立，而不耻者，其由也与？'不忮不求，何用不臧⁽³⁾？'"子路终身诵之。子曰："是道也，何足以臧？"

注释：(1) 衣：动词，穿。(2) 缊：yùn，旧絮。(3) 臧：善，好。

译文：孔子说："穿着破烂的旧棉袍和穿着狐貉裘的人一道站着，而不觉得羞愧的，恐怕只有仲由吧？《诗经》上说：'不嫉妒，不贪求，做什么会不好？'"子路听了，便总是念着这两句诗。孔子说："仅仅做到这样，怎么能够说是很好了？"

论语·乡党篇第十

正文：孔子于乡党，恂恂⁽¹⁾ 如也，似不能言者。其在宗庙朝廷，便便⁽²⁾ 言，唯谨尔。

注释：(1) 恂恂：xún，恭顺。(2) 便便：pián，流畅。

译文：孔子在本土地方上表现得非常恭顺，好像不善言辞的样子。他在宗庙里、朝廷上说话却明白而流畅，只是很谨慎。

正文：朝，与下大夫言，侃侃如也；与上大夫言，訚訚⁽¹⁾ 如也。君在，踧踖⁽²⁾ 如也，与与如也。

注释：(1) 訚訚：正直而恭敬的样子。(2) 踧踖：恭敬而不安的样子。

译文：孔子上朝的时候，同下大夫说话，显得温和而快乐；同上大夫说话，显得正直而恭敬。等到君主临朝，孔子表现得恭敬不安，然而仪容合度。

孔子的故事

正文：君召使摈，色勃如也，足躩⁽¹⁾如也。揖所与立，左右手，衣前后，襜⁽²⁾如也。趋进⁽³⁾，翼如也。宾退，必复命曰："宾不顾矣。"

注释：（1）躩：jué，快步行走。（2）襜：chān，整齐之貌。（3）趋进：快步向前。

译文：鲁君召孔子去接待宾客，孔子的面色庄重，脚步也快起来。他向两旁的人作揖，或者向左拱手，或者向右拱手，衣裳前后摆动，却整齐不乱。他快步向前的时候，好像鸟儿舒展翅膀一样。贵宾辞别后，他一定向君主回禀说："客人已经走远了。"

正文：入公门，鞠躬⁽¹⁾如也，如不容。立不中门，行不履阈。过位⁽²⁾，色勃如也，足躩如也，其言似不足者。摄齐⁽³⁾升堂，鞠躬如也，屏气似不息者。出，降一等，逞颜色，怡怡如也。没阶，趋进，翼如也。复其位，踧踖如也。

注释：（1）鞠躬：谨慎之貌。（2）过位：位指人君的座位，过位指经过人君的座位。（3）摄齐：提起衣服的下摆。齐，zī，衣服的下摆。

译文：孔子走进朝廷的大门，显得恭敬谨慎，好像大门容不下身子。他不站在门的中间，进去时也不踩门槛。经过国君的座位时，他面色庄重，脚步加快，说话也好像中气不足。他提起衣服下摆向堂上走，一副恭敬谨慎的样子，好像屏住气不呼吸一般。出来后，他走下一级台阶，面色便放松下来，显得怡然自得。走完了台阶，他就快步向前行走，好像鸟儿舒展了翅膀一样。回到自己的座位，他又显出恭敬不安的样子。

正文：执圭⁽¹⁾，鞠躬如也，如不胜⁽²⁾。上如揖，下如授。勃如战色，

足躞躞如有循⁽³⁾。享礼⁽⁴⁾，有容色。私觌⁽⁵⁾，愉愉如也。

注释：（1）圭：一种玉器，上圆下方。举行典礼的时候，君臣都拿着。（2）胜：shēng，担负。（3）足躞躞如有循：躞躞，脚步密而细。如有循，好像沿着（什么东西）。（4）享礼：献上礼品的仪式。（5）觌：dí，相见。

译文：（孔子出使邻国）恭敬谨慎地拿着圭，好像举不起来的样子。他向上举圭如同在作揖，向下持圭似乎在交给别人。面色庄重，好像战战兢兢。脚步细密，好像在沿着（一条线）行走。呈献礼物的时候，容光焕发。在私人会见时，显得轻松愉快。

正文：君子不以绀緅⁽¹⁾饰，红紫不以为亵服⁽²⁾。当暑，袗絺绤⁽³⁾，必表而出之。缁衣⁽⁴⁾，羔裘⁽⁵⁾；素衣，麑⁽⁶⁾裘；黄衣，狐裘。亵裘长，短右袂⁽⁷⁾。必有寝衣，长一身有半。狐貉之厚以居⁽⁸⁾。去丧，无所不佩。非帷裳⁽⁹⁾，必杀⁽¹⁰⁾之。羔裘玄冠不以吊。吉月，必朝服而朝。

注释：（1）绀：gàn，深青透红，祭服的颜色。緅：zōu，黑中透红，丧服的颜色。（2）亵服：在家穿的衣服。（3）袗絺绤：袗，zhěn，单衣。絺，chī，细葛布。绤，xì，粗葛布。（4）缁衣：黑色的衣服。（5）羔裘：羔皮衣。（6）麑：ní，小鹿。（7）袂：袖子。（8）居：坐。（9）帷裳：上朝和祭祀时穿的礼服。（10）杀：裁减。

译文：君子不用深青透红和黑中透红的颜色做衣服的镶边，不用红色和紫色做平常居家的衣服。暑天，穿着粗的或者细的葛布单衣，如果出去，一定会套上外衣。黑色的外衣配羔皮裘，白色的外衣配麑皮裘，黄色的外衣配狐皮裘。居家的皮袄做得较长，可是右边的袖子要做得短些。睡觉一定要有小被，长度为本人身高的一倍半。用狐貉的厚毛做坐垫。丧期

.103.

满了以后，什么东西都可以佩戴。只要不是上朝和祭祀穿的、需要用整幅布做的礼服，一定裁去多余的布料。不穿戴黑色羔裘和黑色礼帽去吊丧。正月初一，一定穿着上朝的礼服去朝见君主。

正文：食不厌精，脍不厌细。食饐而餲⁽¹⁾，鱼馁⁽²⁾而肉败，不食。色恶，不食。臭恶，不食。失饪，不食。不时，不食。割不正，不食。不得其酱，不食。肉虽多，不使胜食气⁽³⁾。惟酒无量，不及乱。沽酒市脯不食。不撤姜食，不多食。

注释：（1）饐、餲：yì、ài，食物腐败发臭。（2）馁：něi，鱼腐烂。（3）食气：主食。食，sì。

译文：粮食不嫌舂得精，鱼和肉不嫌切得细。粮食霉烂，鱼和肉腐臭，不可吃。食物颜色变得难看，不可吃。气味变得难闻，不可吃。烹调不当，不可吃。不到该当吃食的时候，不可吃。不是按照一定方法切割的肉，不可吃。调味的酱不合适，不可吃。席上的肉虽然多，吃肉的量不超过主食。只有酒不限量，却不可喝醉。买来的酒和肉干不吃。吃完了，姜不撤下去，但不多吃。

正文：祭于公，不宿肉⁽¹⁾。祭肉⁽²⁾不出三日。出三日，不食之矣。

注释：（1）不宿肉：古代的大夫、士都有助君祭祀之礼。天子诸侯的祭礼，当天清早宰杀牲畜，然后举行祭典。第二天又祭，叫作绎祭。绎祭之后，才令各人拿回自己带来助祭的肉，或者依贵贱等级分别颁赐祭肉。这些用于祭祀的肉，在未颁赐下来以前，至少已放了一两晚，因此不能再存放一夜。（2）祭肉：指家祭的肉。

译文：参与国家祭祀典礼，所得的祭肉不能留到第二天。家祭的肉留

存不能超过三天。若是存放过了三天，便不能吃了。

正文：食不语，寝不言。

译文：吃饭的时候不交谈，睡觉的时候不说话。

正文：虽疏食菜羹，必祭，必齐如也。

译文：虽然是糙米饭、蔬菜汤，在吃之前也一定得先祭一祭，而且祭的时候一定要恭恭敬敬。

正文：席不正，不坐。

译文：座席摆放得不端正，不坐。

正文：乡人饮酒，杖者出，斯出矣。

译文：举行乡饮酒礼后，等老年人都出去了，自己再出去。

正文：乡人傩[1]，朝服而立于阼阶[2]。

注释：(1) 傩：nuó，古代一种迎神驱鬼的祭祀舞蹈。(2) 阼阶：东边的台阶，主人所立之位。阼，zuò。

译文：乡人举行迎神驱鬼的仪式，穿着朝服站在东边的台阶上。

正文：问[1]人于他邦，再拜[2]而送之。

注释：(1) 问：问候，问好。(2) 拜：古代一种礼节，拱手并弯腰。

译文：托人给在别国的朋友问好，向受托者拜两次送行。

正文：君赐食，必正席先尝之。君赐腥，必熟而荐[1]之。君赐生，必畜之。侍食于君，君祭，先饭。

注释：(1) 荐：进奉。这里指向祖先进奉。

译文：国君赐以熟食，一定要摆正席位，先尝一尝。国君赐以生肉，一定要在煮熟后先进献给祖先。国君赐以活物，一定要养起来。侍奉国君吃饭，当国君进行饭前祭礼的时候，自己先尝一下饭食。

正文：疾，君视之，东首[1]，加朝服，拖绅[2]。

注释：(1) 东首：头朝东躺着。这里指孔子面朝东迎接国君。(2) 绅：古代士大夫束在腰间的大带，有一端下垂。

译文：孔子病了，国君来探望。他便将脑袋朝东，把上朝的礼服披在身上，拖着大带。

正文：君命召，不俟驾行矣。

译文：国君召唤，孔子不等车辆驾好马，就先步行前往。

正文：朋友之馈，虽车马，非祭肉，不拜。

译文：朋友的赠品，即使是车马，只要不是祭肉，孔子在接受的时候，也不行礼。

正文：寝不尸，居不客。

译文：睡觉时不像死尸一样直躺着。平日在家，也不像接见客人或外出做客一样恭谨。

正文：见齐衰者，虽狎必变。见冕者与瞽者，虽亵必以貌。凶服者式⁽¹⁾之。式负版⁽²⁾者。有盛馔，必变色而作。迅雷风烈必变。

注释：(1) 式，通"轼"，古代车前的横木。这里用作动词，意为用手扶着轼。(2) 版：国家图籍。

译文：看见穿孝服的人，即使关系很亲密，也一定改变态度，表示哀悼。看见戴礼帽的人和瞎了眼睛的人，即使经常相见，也一定很有礼貌。在车中遇到穿丧服的人，便把身体微微前倾，手扶着车前的横木，以表示同情。遇见背负国家图籍的人，就手扶车前横木致敬。遇上丰盛的宴席，一定改变神色，起立致意。遇见疾雷、大风，一定改变神色，表示敬畏。

正文：升车，必正立，执绥。车中，不内顾，不疾言，不亲指。

译文：孔子上车，一定先端正地站好，再拉着扶手带登车。在车中，不四处张望，不很快地说话，不用手指指点点。

论语·先进篇第十一

正文：颜渊死，颜路⁽¹⁾请子之车以为之椁⁽²⁾。子曰："才不才，亦各言其子也。鲤也死，有棺而无椁。吾不徒行⁽³⁾以为之椁。以吾从大夫⁽⁴⁾之后，不可徒行也。"

注释：(1) 颜路：颜渊的父亲，名无繇，字路，也是孔子的学生。(2) 椁：古代的棺木有两层，里面的一层叫棺，外面的一层叫椁。(3) 徒行：徒步，步行。(4) 从大夫：孔子在鲁国曾经做过司寇，是大夫之位，不过此时孔子已经去位多年。他说"吾从大夫之后"（在大夫行列之后随行），是一种谦逊的说法。

译文：颜渊死了,他的父亲颜路请求孔子卖掉车子来为颜渊买外椁。孔子说:"不管有才能或者没有才能,但总是自己的儿子。我的儿子鲤死了,也只有内棺,没有外椁。我不能卖掉车子徒步出行来替他买椁。因为我曾做过大夫,是不可以徒步出行的。"

正文：季路问事鬼神。子曰:"未能事人,焉能事鬼?"曰:"敢问死。"曰:"未知生,焉知死?"

译文：季路问服侍鬼神的方法。孔子说:"还不能够服侍活人,怎么能够服侍鬼呢?"季路又说:"我大胆地请问死是怎么回事。"孔子回答说:"生的道理还没有弄明白,怎么能够懂得死是怎么回事。"

正文：子畏于匡,颜渊后。子曰:"吾以女为死矣!"曰:"子在,回何敢死!"

译文：孔子在匡地被囚禁之后,颜渊最后才来。孔子说:"我以为你已经死了。"颜渊说:"您还活着,我怎么敢死呢?"

正文：子曰:"回也非助我者也,于吾言无所不说。"

译文：孔子说:"颜回不是一个对我有所帮助的人,他对我说的话没有不喜欢的。"

正文：子曰:"由之瑟(1) 奚为于丘之门?"门人不敬子路。子曰:"由也升堂矣,未入于室(2) 也。"

注释：(1) 瑟:sè,一种古代乐器,和琴同类。(2) 升堂、入室:"堂"是正厅,"室"是内室。先入门,次登堂,最后入室,表示做学问的

几个阶段。

译文：孔子说："仲由弹瑟，为什么要到我这里来呢？"于是孔子的学生们瞧不起子路。孔子说："仲由的学问已经不错了，只是还不够精深罢了。"

正文：季氏富于周公，而求也为之聚敛而附益之。子曰："非吾徒也。小子鸣鼓而攻之，可也。"

译文：季氏比周公还有钱，而冉求却还替他搜刮敛财，增加他的财富。孔子说："冉求不是我的弟子，你们这些学生可以大张旗鼓地声讨他。"

正文：子路问："闻斯行诸？"子曰："有父兄在，如之何其闻斯行之？"冉有问："闻斯行诸？"子曰："闻斯行之。"公西华曰："由也问'闻斯行诸'，子曰'有父兄在'；求也问'闻斯行诸'，子曰'闻斯行之'。赤也惑，敢问。"子曰："求也退，故进之。由也兼人[1]，故退之。"

注释：(1) 兼人：两个人。由也兼人，即子路做事有两个人的胆量。

译文：子路问："听到了就该行动吗？"孔子说："父亲和兄长还活着，怎么能一听到就行动呢？"冉有问："听到了就该行动吗？"孔子说："听到了就要行动。"公西华说："仲由问听到了就该行动吗，您说'父亲和兄长还活着（不能这样做）'；冉求问听到了就该行动吗，您说'听到了就要行动'。我对此有些糊涂，大胆地来问问。"孔子说："冉求平日做事容易退缩，所以我要鼓励他；仲由的胆量有两个人那么大，所以我要压制他。"

论语·颜渊篇第十二

正文：子贡问政。子曰："足食，足兵[1]，民信之矣。"子贡曰："必不得已而去，于斯三者何先？"曰："去兵。"子贡曰："必不得已而去，于斯二者何先？"曰："去食。自古皆有死，民无信不立。"

注释：(1) 兵：兵器，军备。

译文：子贡问怎样治理政事。孔子说："要有充足的粮食、充实的军备，还要百姓对政府有信心。"子贡问："如果迫不得已，在粮食、军备和百姓的信心这三者之中去掉一项，先去掉哪一项？"孔子说："去掉军备。"子贡问："如果迫不得已，在粮食和百姓的信心这两者之中去掉一项，先去掉哪一项？"孔子说："去掉粮食。自古以来谁都免不了一死。但如果百姓对政府缺乏信心，国家是建立不起来的。"

正文：颜渊问仁。子曰："克[1]己复礼为仁。一日克己复礼，天下归[2]仁焉。为仁由己，而由人乎哉？"颜渊曰："请问其目。"子曰："非礼勿视，非礼勿听，非礼勿言，非礼勿动。"颜渊曰："回虽不敏，请事斯语矣。"

注释：(1) 克：克制。(2) 归：称许，称赞。

译文：颜渊问什么是仁德。孔子说："约束自己，使自己的言语行动都合于礼，就是仁。一旦做到了，天下的人都会称许你是仁者。施行仁德，全在于自己，哪在于别人啊。"颜渊说："请问施行仁德的具体做法。"孔子说："不合乎礼的事不看，不合乎礼的话不听，不合乎礼的话不说，不合乎礼的事不做。"颜渊说："我虽然迟钝，也要施行您所说的话。"

附录 《论语》名句选读

正文：仲弓问仁。子曰："出门如见大宾，使民如承大祭。己所不欲，勿施于人。在邦⁽¹⁾ 无怨，在家⁽²⁾ 无怨。"仲弓曰："雍虽不敏，请事斯语矣。"

注释：(1) 在邦：出仕诸侯国。(2) 在家：为人家臣。

译文：仲弓问什么是仁德。孔子说："出门就像去接待贵宾一样，役使百姓就像去承担重大祀典一样。自己所不喜欢的事，不要强加于别人。出仕诸侯国没有怨言，为人家臣也没有怨言。"仲弓说："我虽然迟钝，也要按照您说的话去做。"

正文：司马牛⁽¹⁾ 问仁。子曰："仁者，其言也讱。"曰："其言也讱，斯谓之仁已乎？"子曰："为之难，言之得无讱乎？"

注释：(1) 司马牛：司马耕，字子牛，言多且躁。

译文：司马牛问什么是仁德。孔子说："仁德的人，说话言语迟缓。"司马牛问："说话言语迟缓，这就叫作仁吗？"孔子说："做起事来很难，说话言语能不迟缓吗？"

正文：子贡问友。子曰："忠告而善道之，不可则止，毋自辱焉。"

译文：子贡问对待朋友的方法。孔子说："真诚地劝告他，善意地引导他。如果他不听从，就不要再去做什么，免得自找侮辱。"

正文：棘子成⁽¹⁾ 曰："君子质而已矣，何以文为？"子贡曰："惜乎，夫子之说君子也！驷不及舌。文犹质也，质犹文也。虎豹之鞟犹犬羊之鞟。"

注释：（1）棘子成：卫国大夫。

译文：棘子成说："君子只要有好的本质就可以了，要那些文采干什么？"子贡说："可惜啊，先生竟然这样谈论君子。只是一言既出，驷马难追。本质和文采，是同等重要的。假若把虎豹皮去掉了有花纹的毛，那和去掉毛的犬羊皮就没有什么区别了。"

正文：子曰："片言可以折狱者[1]，其由也与？"子路无宿诺。

注释：（1）片言、折狱：片言，单方面的言辞。折狱，断案。

译文：孔子说："根据一方的言辞就可以判决案件的，大概只有仲由吧！"子路从不拖延兑现诺言。

正文：哀公问于有若曰："年饥，用不足，如之何？"有若对曰："盍[1]彻[2]乎？"曰："二，吾犹不足，如之何其彻也？"对曰："百姓足，君孰与不足？百姓不足，君孰与足？"

注释：（1）盍：为什么不。（2）彻：对种田者抽取收成十分之一的田税制度。

译文：鲁哀公问有若："年成不好，国家用度不够，怎么办？"有若回答说："为什么不实行十分抽一分的田税制度呢？"鲁哀公说："十分抽二分，我还觉得不够，怎么能十分抽一分呢？"有若回答说："如果百姓的用度够，您怎么会不够？如果百姓的用度不够，您又怎么会够？"

正文：齐景公问政于孔子。孔子对曰："君君，臣臣，父父，子子。"公曰："善哉！信如君不君，臣不臣，父不父，子不子，虽有粟，吾得而食诸？"

译文：齐景公向孔子询问处理政务的事情。孔子说："君要像国君，臣要像大臣，父亲要像父亲，儿子要像儿子。"齐景公说："说得对呀！如果君不像君，臣不像臣，父不像父，子不像子，即使有粮食，我能够吃得下吗？"

论语·子路篇第十三

正文：子路问政。子曰："先[1]之劳之。"请益。曰："无倦。"

注释：（1）先：带头。

译文：子路问怎样治理政事。孔子说："自己带头劳作，然后让百姓勤劳地工作。"子路请求多讲一点。孔子说："永远不要懈怠。"

正文：仲弓为季氏宰，问政。子曰："先有司，赦小过，举贤才。"曰："焉知贤才而举之？"子曰："举尔所知。尔所不知，人其舍诸？"

译文：仲弓做了季氏的总管，问孔子怎样治理政事。孔子说："先让办事人员各任其职，不计较人家的小错误，举用优秀人才。"仲弓问："怎样去识别优秀人才进而举用他们呢？"孔子说："举用你所知道的人才。那些你所不知道的，别人难道会舍弃不举用吗？"

正文：子曰："其身正，不令而行；其身不正，虽令不从。"

译文：孔子说："自身立得正，不下达命令，事情也能实行。自身立不正，即使下达命令，百姓也不会听从。"

正文：子适卫，冉有仆[1]。子曰："庶矣哉！"冉有曰："既庶矣，又何加焉?"曰:"富之。"曰:"既富矣,又何加焉?"曰:"教之。"

注释:(1)仆:动词,驾驭车马。

译文:孔子到卫国,冉有替他驾车。孔子说:"人口真多呀!"冉有问:"人口已经很多了,又该做什么呢?"孔子说:"使他们富裕起来。"冉有问:"人们富裕了,还要做什么呢?"孔子说:"教育他们。"

正文:子曰:"苟有用我者,期月[1]而已可也,三年有成。"

注释:(1)期月:期,jī。期月,一年。

译文:孔子说:"假若有人用我主持国家政事,一年便可初见成效,三年会有很大成绩。"

正文:叶公问政。子曰:"近者说,远者来。"

译文:叶公问怎样治理政事。孔子说:"境内的人使他高兴,境外的人使他来投奔。"

正文:子夏为莒父[1]宰,问政。子曰:"无欲速,无见小利。欲速,则不达;见小利,则大事不成。"

注释:(1)莒父:鲁国之一邑。

译文:子夏做了莒父的邑宰,问怎样治理政事。孔子说:"不要图快,不要顾小利。图快,反而不能达到目的;顾小利,就办不成大事。"

正文:子路曰:"卫君待子而为政,子将奚先?"子曰:"必也正名[1]乎?"子路曰:"有是哉,子之迂也!奚其正?"子曰:"野哉,由也!君子于其所不知,盖阙如也。名不正,则言不顺;言不顺,则事不成;事不

成，则礼乐不兴；礼乐不兴，则刑罚不中；刑罚不中，则民无所措[2]手足。故君子名之必可言也，言之必可行也。君子于其言，无所苟而已矣。"

注释：(1) 正名：纠正名分上的不当。(2) 措：安置。

译文：子路对孔子说："卫君等着您去治理国政，您准备首先干什么？"孔子说："那一定是纠正名分上的不当。"子路说："您竟迂腐到如此地步吗？又何必纠正名分呢？"孔子说："仲由，你怎么这样鲁莽！君子对于他所不懂的，应该采取保留态度。名分不符合实际，言语就不能顺理成章；言语不顺理成章，事情就不可能办好；事情办不好，国家的礼乐制度就不能建立；礼乐制度不能建立，刑罚就不会得当；刑罚不得当，百姓就会手足无措，不知如何是好。所以君子定下名分，就一定可以言之成理；言之成理，就一定可以实行。君子对于自己要说的话，是一点都不马虎的。"

正文：樊迟问仁。子曰："居处恭，执事敬，与人忠。虽之[1]夷狄，不可弃也。"

注释：(1) 之：动词，到。

译文：樊迟问什么是仁德。孔子说："平日在家态度庄重，做事严肃认真，对人忠诚真心。即使到了夷狄之国，这些品格也不能丢弃。"

正文：子曰："刚、毅、木、讷近仁。"

译文：孔子说："刚强、果决、质朴、慎言，有这四种品德的人是近于仁德的。"

正文：子贡问曰："乡人皆好之，何如？"子曰："未可也。""乡人皆恶之，何如？"子曰："未可也。不如乡人之善者好之，其不善者恶之。"

译文：子贡问："整个乡村的人都喜欢他，这个人怎么样？"孔子说："不能就此说他好。"子贡又问："整个乡村的人都厌恶他，这个人怎么样？"孔子说："不能就此说他坏。最好的是乡村的好人都喜欢他，乡村的坏人都厌恶他。"

正文：冉子退朝。子曰："何晏也？"对曰："有政。"子曰："其事也。如有政，虽不吾以，吾其与(1)闻之。"

注释：（1）与：参与。

译文：冉有退朝回来。孔子说："为什么今天回来这么晚？"冉有回答说："有政务。"孔子说："恐怕只是一些普通事务吧。若是有政务，虽然不用我了，我也会知道的。"

正文：定公问："一言而可以兴邦，有诸？"孔子对曰："言不可以若是其几(1)也。人之言曰：'为君难，为臣不易。'如知为君之难也，不几(2)乎一言而兴邦乎？"曰："一言而丧邦，有诸？"孔子对曰："言不可以若是其几也。人之言曰：'予无乐乎为君，唯其言而莫予违也。'如其(3)善而莫之违也，不亦善乎？如不善而莫之违也，不几乎一言而丧邦乎？"

注释：（1）几：希望。（2）几：接近。（3）其：代词，指所说的话。

译文：鲁定公问："一句话可以使国家兴盛，有这样的事情吗？"孔子回答说："对于言语不可以有这样的期待啊。人们说：'做君主很难，做臣子不容易。'假如知道做君主的艰难，不就是接近于一句话便可使国家兴盛了吗？"鲁定公又问："一句话可以使国家丧亡，有这样的事情吗？"孔子回答说："对于言语不可以有这样的期待啊。人们说：'我做国君没有什

么快乐,只是我说的话没有人违抗。'假若他说的话正确而没有人违抗,不也很好吗?假若他说的话不正确却没有人违抗,不就是接近于一句话便可使国家丧亡吗?"

论语·宪问篇第十四

正文:子曰:"士而怀居(1),不足以为士矣。"

注释:(1)怀居:怀,留恋。居,安居。

译文:孔子说:"读书人留恋安逸,便不配做读书人了。"

正文:子曰:"君子道者三,我无能焉:仁者不忧,知者不惑,勇者不惧。"子贡曰:"夫子自道也。"

译文:孔子说:"君子所行的三件事,我一件也没能做到:仁德的人不忧虑,智慧的人不迷惑,勇敢的人不惧怕。"子贡说:"这正是他老人家自己的写照呀。"

正文:子曰:"上好礼,则民易使也。"

译文:孔子说:"在上位的人若遇事依礼而行,就容易使百姓听从治理。"

正文:子贡方人。子曰:"赐也贤乎哉?夫我则不暇。"

译文:子贡讥评别人。孔子对他说:"赐啊,你就够好了吗?我可没有这样的闲工夫。"

正文：子路问事君。子曰："勿欺也，而犯之。"

译文：子路问怎样服侍国君。孔子说："不要欺骗他，可以当面犯颜直谏。"

正文：陈成子弑[1]简公。孔子沐浴而朝[2]，告于哀公曰："陈恒弑其君，请讨[3]之。"公曰："告夫三子[4]！"孔子曰："以[5]吾从大夫之后，不敢不告也。君曰'告夫三子'者！"之[6]三子告，不可。孔子曰："以吾从大夫之后，不敢不告也。"

注释：(1) 弑：指臣杀君或子杀父。(2) 沐浴而朝：当时孔子已经告老还家，特为此事来朝见鲁君，为表示郑重，先斋戒沐浴才上朝。(3) 讨：讨伐，正义之战称为讨。(4) 三子：指季孙、叔孙、孟孙三家。鲁国朝政掌握在这三家手中，哀公不敢擅自做主，所以想请孔子去告知他们。(5) 以：因为。(6) 之：前往。

译文：陈恒杀了齐简公。孔子斋戒沐浴后朝见鲁哀公，对他说："陈恒杀了他的君主，请你出兵讨伐他。"哀公说："你向季孙、叔孙、孟孙三人报告吧。"孔子（退了出来），说："因为我曾忝为大夫，所以不敢不来报告，但是君主却对我说'向那三位大臣报告'。"孔子又去向三位大臣报告，他们不肯出兵。孔子说："因为我曾忝为大夫，所以不敢不来报告。"

论语·卫灵公篇第十五

正文：在陈绝粮，从者病，莫能兴。子路愠见曰："君子亦有穷乎？"子曰："君子固穷，小人穷斯滥矣。"

译文：孔子在陈国断绝了粮食，跟随的人都病倒了，爬不起来。子路

很不高兴地来见孔子，说："君子也有穷得毫无办法的时候吗？"孔子说："君子虽然穷，但还是坚持着，小人一穷，便无所不为了。"

正文：子曰："人能弘道，非道弘人。"

译文：孔子说："人能够弘扬道，不是用道来弘扬人。"

正文：师冕(1)见，及阶，子曰："阶也。"及席，子曰："席也。"皆坐，子告之曰："某在斯，某在斯。"师冕出。子张问曰："与师言之道与？"子曰："然，固相师之道也。"

注释：（1）师冕：师，乐师。冕，该乐师之名。古代乐官一般由盲人充当。

译文：师冕来见孔子，走到台阶旁，孔子说："这是台阶啦。"走到座席旁，孔子说："这是座席啦。"都坐定了，孔子告诉他说："某人在这里，某人在这里。"师冕辞别后，子张问："这就是同盲乐师讲话的方式吗？"孔子说："对，这本来就是帮助盲乐师的方式啊。"

正文：子曰："赐也，女以予为多学而识(1)之者与？"对曰："然，非与？"曰："非也，予一以贯之。"

注释：（1）识：默记。

译文：孔子说："赐啊，你以为我是学了很多，又都能记住吗？"子贡说："对呀，难道不是这样吗？"孔子说："不是的，我是有一个基本的观点贯穿在所学之中的。"

正文：子曰："知及之(1)，仁不能守之，虽(2)得之，必失之。知及之，仁能守之，不庄以涖之，则民不敬。知及之，仁能守之，庄以涖之，动之不以礼，未善也。"

注释：(1) 之：代词，指官位。(2) 虽：即使。

译文：孔子说："聪明才智足以胜任官位，却不能以仁德持守它，即使得到，也一定会丧失。聪明才智足以胜任官位，能以仁德持守它，却不能用严肃的态度治理百姓，那就不会得到百姓的尊敬。聪明才智足以胜任官位，能以仁德持守它，也能用严肃的态度治理百姓，但却不合乎礼的要求，那还是不够好。"

正文：子曰："当仁，不让于师。"

译文：孔子说："面对着施行仁德的事情，就是老师，也不同他谦让。"

正文：子贡问曰："有一言(1)而可以终身行之者乎？"子曰："其恕乎！己所不欲，勿施于人。"

注释：(1) 一言：一个字。

译文：子贡问："有没有一个字是可以终身奉行的呢？"孔子说："大概是'恕'吧！自己不愿意的事情，就不要施加给别人。"

正文：卫灵公问陈(1)于孔子。孔子对曰："俎豆之事(2)，则尝(3)闻(4)之矣；军旅之事，未之学也。"明日遂行。

注释：(1) 陈：通"阵"，兵阵，指军事。(2) 俎豆之事：俎和豆都是古代祭祀时使用的盛放食物的器皿，这里借指有关礼仪方面的事情。(3) 尝：曾经。(4) 闻：听说。

译文：卫灵公向孔子问军队阵列之法。孔子说："礼仪上的事情，我曾经听到过；军事上的事情，我从来没有学习过。"第二天便离开了卫国。

论语·季氏篇第十六

正文：陈亢问于伯鱼曰："子亦有异闻(1)乎？"对曰："未也。尝(2)独立，鲤趋而过庭。曰：'学《诗》乎？'对曰：'未也。''不学《诗》，无以言。'鲤退而学《诗》。他日，又独立，鲤趋而过庭。曰：'学礼乎？'对曰：'未也。''不学礼，无以立。'鲤退而学礼。闻斯二者。"陈亢退而喜曰："问一得三：闻诗，闻礼，又闻君子之远其子也。"

注释：（1）异闻：异于弟子之闻，意思是区别于教授弟子、私下教授伯鱼的知识。（2）尝：曾经。

译文：陈亢问孔子的儿子伯鱼说："您在老师那儿得到了什么与众不同的教诲吗？"伯鱼回答说："没有。他曾经一个人站在庭中，我恭敬地走过。他问我：'学诗没有？'我回答：'没有。'他便道：'不学诗，就不懂如何说话。'我退回后便学诗。过了几天，他又一个人站在庭中，我恭敬地走过。他问我：'学礼没有？'我回答：'没有。'他便道：'不学礼，便没有立足社会的依据。'我退回后便学礼。我只听到这两点。"陈亢回去后，非常高兴地说："我问了一个问题，却知道了三件事。知道了应该学诗，知道了应该学礼，又知道了君子远离自己的儿子（没有偏私）。"

正文：孔子曰："天下有道，则礼乐征伐自天子出；天下无道，则礼乐征伐自诸侯出。自诸侯出，盖十世希不失矣；自大夫出，五世希不失矣；陪臣执国命，三世希不失矣。天下有道，则政不在大夫。天下有道，则庶人不议。"

孔子的故事

译文：孔子说："天下太平，那么制礼作乐以及出兵征伐都决定于天子；天下昏乱，那么制礼作乐以及出兵征伐都决定于诸侯。这些事决定于诸侯，大概能传到十代，很少还有能继续下去的；这些事决定于大夫，传到五代，很少还有能继续下去的；若是大夫的家臣把持权力，传到三代，很少还有能继续下去的。天下太平，国家的统治权力就不会掌握在大夫手中。天下太平，老百姓就不会议论政事。"

正文：季氏将伐颛臾[1]。冉有、季路见于孔子曰："季氏将有事[2]于颛臾。"孔子曰："求！无乃尔是过与[3]？夫颛臾，昔者先王以为东蒙[4]主，且在邦域之中矣，是社稷之臣[5]也。何以伐为？"冉有曰："夫子[6]欲之，吾二臣者皆不欲也。"孔子曰："求！周任[7]有言曰：'陈力就列，不能者止[8]。'危而不持，颠而不扶，则将焉用彼相[9]矣？且尔言过矣，虎兕出于柙[10]，龟玉毁于椟中[11]，是谁之过与？"冉有曰："今夫颛臾，固而近于费[12]。今不取，后世必为子孙忧。"孔子曰："求！君子疾夫舍曰欲之而必为之辞[13]。丘也闻有国有家者[14]，不患寡而患不均[15]，不患贫而患不安。盖均无贫，和无寡，安无倾。夫如是，故远人不服，则修文德以来[16]之。既来之，则安[17]之。今由与求也，相[18]夫子，远人不服，而不能来也；邦分崩离析，而不能守[19]也；而谋动干戈于邦内。吾恐季孙之忧，不在颛臾，而在萧墙之内也。"

注释：（1）颛臾：鲁国的附属国。在今天山东费县西北八十里处有颛臾村，当为古颛臾之地。（2）有事：这里指用兵。（3）"无乃……与"：相当于现代汉语的"恐怕……吧"。（4）东蒙：指蒙山，在今山东临沂市西北。（5）社稷：社，土神。稷，谷神。有国者必立社稷，故社稷为国家

的象征，这里指鲁国。社稷之臣意为附属于大国的小国。（6）夫子：季康子。春秋时，对长者、老师以及贵族卿大夫等都可以尊称为夫子。（7）周任：上古时期的一位史官。（8）陈力就列，不能者止：陈，施展。就，担任。列，职位。止，辞职。（9）相：搀扶盲人走路的人。（10）兕：犀牛，一说野牛。柙：关猛兽的笼子。（11）龟：龟板，用来占卜。玉：玉器，用于祭祀。椟：匣子。（12）固：指城郭坚固。近：靠近。费：季氏的私邑，即今山东费县。（13）君子疾夫舍曰欲之而必为之辞：疾，痛恨。夫，代词，那种。舍，舍弃，撇开。辞，托词，借口。（14）有国有家者：有领土的诸侯和有封地的大夫。（15）不患寡而患不均：患，忧虑，担心。寡，少。（16）来：使……来（归附）。（17）安：使……安定。（18）相：辅佐。（19）守：守国，保全国家。

译文：季氏准备攻打颛臾。冉有、子路两人拜见孔子，说："季氏准备对颛臾用兵。"孔子说："冉求，这难道不应该责备你吗？那颛臾，上古的君王曾经授权它主持蒙山的祭祀，而且它又在我们鲁国的国境之内，是鲁国的藩属，为什么要去攻打它呢？"冉有说："是季孙要这么干，我们两人都是不赞成的。"孔子说："冉求，周任有句话是这样说的：'能够贡献自己的力量，就去任职；如果不能，就应该辞职。'譬如一个盲人遇到危险而不去扶他，将要摔倒而不去搀他，那还要他的助手有什么用呢？而且你的话是错的，老虎、犀牛从笼子里逃了出来，龟甲、美玉在匣子里被毁坏，这是谁的过错呢？"冉有说："那颛臾的城墙坚固，而且离季孙的费邑很近，如今不把它占领，日子久了，一定会成为子孙的祸害。"孔子说："冉求，君子就讨厌这种不说自己贪婪而另找借口为自己掩饰的做法。我听说，有领土的诸侯和有封地的大夫，不担忧贫穷而担忧财富分配不均，不担忧人口少而担忧社会不稳定。若是财富平均，就无所谓贫穷。若是社会和谐安宁，就不会觉得人口少。境内安定了，国家就不会有倾覆的危险。如果做到这样，远方的人还不归服，那就修治文德将他们招来。一旦他们来了，就得让他们安心。如今，你们两人辅助季孙，远方之人不归服，你们却不能将其招来；国家支离破碎，你们却不能将其保全，反而想在国境之内使用兵力。我担心季孙的忧虑不在颛臾，而是在鲁君这里吧。"

正文： 齐景公有马千驷(1)，死之日，民无德而称焉。伯夷、叔齐饿于首阳之下，民到于今称之。其斯之谓与？

注释： （1）驷：古代一般用四匹马驾一辆车，所以一驷就是四匹马。

译文： 齐景公有四千匹马，他死后，百姓觉得他没有什么德行值得称颂。伯夷、叔齐两人饿死在首阳山下，百姓到现在还称颂他们。可能就是这个道理吧？

论语·阳货篇第十七

正文： 子谓伯鱼曰："女(1) 为(2) 《周南》、《召南》(3) 矣乎？人而不为《周南》、《召南》，其犹(4) 正墙面而立(5) 也与？"

注释： （1）女：通"汝"，你。（2）为：学习。（3）《周南》、《召南》：这是《诗经·国风》中的两首诗。（4）犹：像，就像。（5）正墙面而立：正对着墙壁站立，比喻在离自己最近的地方，却什么也看不见，一步也走不动。

译文： 孔子对伯鱼说："你学习过《周南》和《召南》吗？一个人如果不学《周南》和《召南》，那就像正对着墙壁站立呀！"

附录 《论语》名句选读

正文：公山弗扰以费畔[1]，召，子欲往。子路不说，曰："末之也已，何必公山氏之之也？"子曰："夫召我者，而岂徒哉？如有用我者，吾其为东周乎？"

注释：(1) 畔：通"叛"，谋逆。

译文：公山弗扰盘踞在费邑图谋造反，叫孔子去，孔子准备前往。子路很不高兴，说："没有地方去便算了，为什么一定要去公山氏那里呢？"孔子说："那个召我去的人，难道是白白召我吗？假若有人用我，我将使周文王、周武王之道在东方复兴。"

正文：佛肸[1]召，子欲往。子路曰："昔者由也闻诸夫子曰：'亲于其身为不善者，君子不入也。'佛肸以中牟[2]畔，子之往也，如之何？"子曰："然。有是言也。不曰坚乎，磨而不磷[3]；不曰白乎，涅[4]而不缁。吾岂匏瓜[5]也哉？焉能系而不食？"

注释：(1) 佛肸：晋国赵简子攻打范氏、中行氏，佛肸是范氏、中行氏的家臣，为中牟的邑宰。(2) 中牟：春秋时晋邑，故址在今河北省邢台和邯郸之间。(3) 磷：lìn，薄。(4) 涅：niè，矾石，古人用作黑色染料，这里作动词用，染黑之意。(5) 匏瓜：一种植物，嫩时可食，因比水轻，可以系于腰，用以泅渡。

译文：佛肸召孔子，孔子打算去。子路说："从前我听老师说过：'自己做过坏事的人那里，君子是不会去的。'如今佛肸盘踞中牟谋反，您却要去，这怎么说得过去呢？"孔子说："对，我说过这样的话。但是，坚固的东西，是磨也磨不薄的，白的东西，是染也染不黑的。我难道是匏瓜吗？怎么能够只是悬挂着而不给人食用呢？"

正文：子路曰："君子尚⁽¹⁾勇乎?"子曰："君子义以为上。君子有勇而无义为乱，小人有勇而无义为盗。"

注释：（1）尚：崇尚。

译文：子路问："君子崇尚勇敢吗?"孔子说："君子认为义是最可崇尚的。君子只有勇而没有义，就会作乱造反；小人只有勇而没有义，就会成为土匪强盗。"

正文：子曰："予欲无言。"子贡曰："子如不言，则小子何述焉?"子曰："天何言哉？四时行焉，百物生焉，天何言哉？"

译文：孔子说："我不想再说话了。"子贡说："您假若不说话，那我们传述什么呢?"孔子说："天说了什么呢？四季照样运行，百物照样生长，天说了什么呢?"

正文：子曰："由也！女闻六言六蔽矣乎?"对曰："未也。""居！吾语女。好仁不好学，其蔽也愚。好知不好学，其蔽也荡。好信不好学，其蔽也贼。好直不好学，其蔽也绞。好勇不好学，其蔽也乱。好刚不好学，其蔽也狂。"

译文：孔子说："仲由，你听说过六种品德以及相关的六种弊病吗?"子路回答说："没有。"孔子说："你坐下！我告诉你。爱仁德，却不爱学问，它的弊病就是容易被人愚弄。爱聪明，却不爱学问，它的弊病就是放荡不羁。爱诚实，却不爱学问，它的弊病就是容易被人利用而害了自己。爱直率，却不爱学问，它的弊病就是说话尖刻，刺痛人心。爱勇敢，却不爱学问，它的弊病就是作乱闯祸。爱刚强，却不爱学问，它的弊病就是胆大狂妄。"

正文：阳货⁽¹⁾欲见孔子，孔子不见，归孔子豚⁽²⁾。孔子时其亡也，而往拜之。遇诸涂。谓孔子曰："来！予与尔言。"曰⁽³⁾："怀其宝而迷其邦，可谓仁乎？"曰："不可。""好从事而亟⁽⁴⁾失时，可谓知乎？"曰："不可。""日月逝矣，岁不我与。"孔子曰："诺；吾将仕矣。"

注释：(1) 阳货：季氏家臣。季氏几代把持鲁国朝政，阳货当时又控制着季氏的权柄。(2) 归孔子豚：归，通"馈"，赠送。豚，小猪。(3) 曰：自此以下的几个"曰"字，都是阳货自己所说。(4) 亟：qì，屡次。

译文：阳货想要孔子来拜见他，孔子不去，他便送给孔子一头小猪。孔子等到阳货不在家的时候，才去拜谢他。两人在路上相遇了。阳货对孔子说："来，我要同你说话。"阳货说："自己有一身本领，却听任国家陷于混乱，这可以叫作仁爱吗？"他自己回答说："不可以。"阳货接着说："一个人喜欢做官，却屡屡错过机会，这可以叫作聪明吗？"他自己回答说："不可以。"阳货又说："时光流逝，岁月不等人呀。"孔子说："好吧，我打算出来做官了。"

论语·微子篇第十八

正文：齐景公待孔子曰："若季氏，则吾不能；以季、孟之间待之。"曰："吾老矣，不能用也。"孔子行。

译文：齐景公讲到对待孔子的打算时，说："像鲁君对待季氏一般对待孔子，我做不到；我要用介于季氏和孟氏之间的礼遇来对待他。"后来他又说："我老了，不能用他了。"孔子离开了齐国。

论语·子张篇第十九

正文：叔孙武叔[1]语大夫于朝，曰："子贡贤于仲尼。"子服景伯以告子贡。子贡曰："譬之宫墙[2]，赐之墙也及肩，窥见室家之好。夫子之墙数仞[3]，不得其门而入，不见宗庙之美，百官[4]之富。得其门者或寡矣。夫子之云，不亦宜乎！"

注释：（1）叔孙武叔：鲁大夫，名州仇。（2）宫墙：围墙。（3）仞：古代长度单位，七尺为一仞。（4）官：房舍。

译文：叔孙武叔在朝中对官员们说："子贡比仲尼要强些。"子服景伯便把这话告诉了子贡。子贡说："拿房屋的围墙打比方吧：我家的围墙只有肩膀那么高，谁都可以看到墙内房屋的美好。我老师家的围墙却有几丈高，找不到大门走进去，就看不到那宗庙的华美和房舍的富丽，而能够找到大门的人或许不多吧。武叔这样说话，不也是自然的吗？"

正文：叔孙武叔毁仲尼。子贡曰："无以[1]为也！仲尼不可毁也。他人之贤者，丘陵也，犹可逾也。仲尼，日月也，无得而逾焉。人虽欲自绝，其何伤于日月乎？多[2]见其不知量也。"

注释：（1）以：此，这样。（2）多：副词，只是，不过。

译文：叔孙武叔毁谤孔子。子贡说："不要这样做！孔子是毁谤不了的。别人的贤能，好比山丘，是可以超越的；孔子的贤能，就像太阳和月亮，是不能超越的。人纵使要自绝于太阳和月亮，可是对太阳和月亮能有什么伤害呢？只不过显示他的不自量力罢了。"

论语·尧曰篇第二十

正文：孔子曰："不知命，无以为君子也。不知礼，无以立也。不知言，无以知人也。"

译文：孔子说："不懂得天命，就不能成为君子。不懂得礼仪，就不能立身于社会。不懂得辨析言语的含义，就不能了解人。"

臣溥謹按右古畫一卷題識闕立
本歷代將相圖人凡五十九髯眉
生動古澤盎然卷端有印記三行
云順治三年七月初二日
欽賜大學士臣宋權恭記前後有其子吏
部尚書宋犖私印七復又鈐宮印
二臣展卷諦閱絹素雖精剝落而
通體人物用筆豪圓勁雄渾神采
完好衣褶自然與職貢圖筆法相
類考畫譜立本人物多立像題爲
立本真蹟未爲無據但所畫冠裳
俱屬一時制度非歷代將相無疑
其服飾似兩漢以前結束惟圖繪
指意所在莫由懸揣要之非五代
兩宋諸家所能髣髴也夫有疑則
闕事從其實今擬改題云閻立本
古賢圖似爲得之按立本爲唐太
宗時人閱今千有餘年片羽流傳
信可寶貴且是卷舊藏
內府自順治丙戌
特賜宋權迄今百十有二年其後人轉鬻
他所臣始購獲之復得仰邀
御鑒珍之
秘笈神物之去來若有呵護之者良
非偶然云時
乾隆二十有二年歲次丁丑嘉平

杏壇遺範